清教徒之约

《威斯敏斯德准则》导读

王志勇　译注

上海三联书店

目　录

第二部分　威斯敏斯德大教理问答

世界中的圣徒

清教徒、清教徒神学与威斯敏斯德会议简介

《威斯敏斯德信条》是清教徒神学的结晶，清教徒神学是改革宗神学的结晶，改革宗神学则是宗教改革的结晶。宗教改革是对圣经真道的回归。因此，这一信条在基督教神学和教会生活中占有独特的重要地位。本文无法对清教徒神学做出全面详尽的解释，只是根据作者有限的理解，向读者介绍《威斯敏斯德信条》制定的历史背景以及清教徒神学的基本理念。

笔者在1998年之前，一直认为清教徒的特征就是拘谨、呆板，不宽容，甚至心胸狭窄，假冒为善。后来，亲自阅读清教徒所撰写的著作，考察历史上正反两方面的意见，并且到清教徒的家园英格兰和苏格兰考察，甚至接触二十一世纪欧洲、亚洲、北美洲、大洋洲各国仍然以继承清教徒传统为导向的教会和个人，发现他们确确实实认真对待自己的信仰，虽然都不完全，但却一致努力在个人生活和社会生活的各个方面中活出基督所赐的荣美、丰盛的生命来。最近在西方也有越来越多的学者开始认识到，历史上典型的清教徒，并不是宗教上的狂热分子和社会上的极端分子。假如他们是极端的狂热分子，往往很快就会被压制下去。

但因为他们持守中道，是社会中的道德精英，因此在任何时期社会上都有同情他们、支持他们的人。他们都是富有思想和良知，坚持原则，严于律己，坚忍不拔，热爱家庭，受过良好教育的公民。他们既勤于思考，也勇于行动；既追求教义的纯正，更追求生活的敬虔；既尽心尽意热爱上帝，热爱真理，热爱教会，又真心真意尊重他人，改革教会，改良社会；既对上帝恩惠的福音有深刻的心灵经历，又对上帝公义的律法无比地心仪倾慕。在清教徒群体中可以说是群星灿烂，比如著名的清教徒神学三大王子——欧文、巴克斯特、爱德华滋，他们不仅在基督教会中以敬虔和博学著称，即使在当今的世俗社会和学术界中也享有巨大的声誉。其中欧文还担任过英国牛津大学的校长，爱德华滋担任过美国普林斯顿大学的校长。大量事实改变了我以前先入为主的偏见，我开始在自己的生命中也感受到清教徒的脉搏在跳动，“纯正的教义，敬虔的生活”也开始成为我人生的座右铭。因此，我也定意把清教徒和清教徒神学介绍给中国同胞。

一、清教徒与威斯敏斯德会议

其实，中国基督徒对清教徒并不陌生，《天路历程》的作者约翰·班扬就是一个典型的英国清教徒。在受到学者广泛重视的马克斯·韦伯所著的《新教伦理与资本主义》中，也清楚地谈及清教徒的预定论、天职观对自由市场经济发展的重要影响。清教徒文学家密尔顿的《失乐园》和《论新闻自由》也已经译介到中国。

然而，要具体界定清教徒和清教主义并不容易。历史是复杂的，对历史的回顾又因为时间的跨度而增加了无数的变数。对清教徒和清教主义的界定也是如此。传统上把清教徒限于英格兰1662年通过《统一法案》之后被安立甘教会排斥的那些人。另外，苏格兰以诺克斯为代表的长老宗盟约派，北美新英格兰等地的公理会人士，以及同时期荷兰第二次宗教改革，也都具有强烈的清教徒色彩。[1] 更广义地说，清教徒还代表了对"圣洁教会、自由国家"(a holy church, a free nation)这一理想的执著追求。因此，清教徒不仅仅是一个历史性、地域性的身份，更代表了一种理想、一种境界。凡是认同这种理想、这种境界的人，骨子里所流淌的都是清教徒的血液。所以，清教主义作为一种深刻敬虔运动和精神，并不仅仅是十七世纪英国独有的现象。正如莫里勋爵所言："清教主义源自人心灵的深处，它所显明的是人性中某些不可毁灭的因素。它发自人心灵的渴慕，不管是在东方，还是在西方，都能同样感受到这些渴慕的存在。在许多宗教、许多社会中，无数的男男女女都曾经发出这样的渴慕。"[2] 但是，像英格兰清教徒这样既注重深刻的心灵经历，又注重敬虔的品格塑造，并积极投身建立温馨家庭、圣洁教会和自由国家，在宗教、政治、法律、科学、艺术等各个领域中开花结果，这种敬虔主义不仅是基督教历史上的奇葩，也是世界宗教史和文明史上罕见的奇葩。本文主要集中在第一种界定上，也就是十六、十七世纪英格兰那些为改革教会和社会而奋斗的清教徒。

清教徒绝不是横空出世，从无到有，突然出现的，而是经历了漫长的历史演变。牛津大学教授威克利夫(John

---

1 参考 Joel R. Beeke, *Assurance of Faith* (New York: Peter Lang, 1991), pp.383–413.

2 转引自 John Stephen Flynn, *The Influence of Puritanism* (New York: E.P. Dutton and Company, 1920), p.11.

Wyclif, 1330－1384)被认为是英国宗教改革和清教主义的先驱,他反对把人的传统凌驾于圣经之上,反对把圣礼神秘化,甚至彻底谴责天主教在圣餐论上的化质说。最重要的是,他开始打破罗马天主教对圣经的封锁,把圣经从通俗拉丁文本翻译为英文,后来清教徒所心仪的1611年英文钦定本圣经就是在威克利夫和丁道尔(William Tyndale, 1492－1536)等译本的基础上译成的。对圣经的权威的重视乃是宗教改革的灵魂,更是清教主义的首要特色。丁道尔强调圣经的充分性和权威性,主张圣经中所说的"主教"(中文和合本圣经翻译为"监督")与"长老"的一致性,提倡合乎圣经的简朴的敬拜方式,奠定了清教主义中长老制教会的基本特色,也被认为是英格兰清教徒的先驱。

英格兰大规模的宗教改革始于亨利八世(Henry VIII, 1509－1547年在位)统治时期,但亨利八世本身就是被称为"合法形式遮盖下的暴君"。[3] 他所谓的改革教会的动机主要是基于个人的私欲和政治上的考虑。亨利八世去世之后,他年仅九岁的儿子爱德华六世继位,他坚定地支持宗教改革,可惜十六岁时就英年早逝,在位仅仅七年。接下来是玛丽即位,她是一位坚定的天主教徒,要靠权术和武力恢复天主教,对新教徒大肆迫害。在她统治期间,被公开处以火刑的人数共近三百人,所以她被人称为"血腥"玛丽。

玛丽之后继位的伊丽莎白(Elizabeth, 1558－1603年在位)倾向新教。她非常务实,是一位精明的政治家,但她也没有避免统治者通常具有的对权力的贪婪,她甚至操纵

3 威利斯顿·沃尔克:《基督教教会史》,孙善玲、段琦、朱代强译,北京:中国社会科学出版社,1991年,页454。

议会通过法令，称她为英格兰教会“最高管理者”，使主教制成为英国国教，也就是后来的安立甘教会。教会与社会是否合乎圣经，显然不是她最大的关注。但是，此时在英格兰教会中，加尔文的影响已经逐渐超过了路德的影响。当然，从历史的发展来看，英国的清教徒神学也是在相对独立的环境下发展起来的，有它自己的特色。主张继续改革教会的宗教异议人士，就是在十六世纪六十年代开始被称为“清教徒”的。这一时期的清教徒的代表人物是卡特赖特(Thomas Cartwright，1535－1603)，他是剑桥大学的神学教授，被称为“英格兰长老制之父”，他主张废除大主教、副主教等职，牧师由会众选举，一切教牧人员本质上地位平等。另外就是柏金斯(William Perkins，1558－1602)，他也是剑桥大学的神学教授，他的作品在当时英格兰的销量和影响甚至超过加尔文。从此，在英格兰教会内部，主教制和长老制展开了拉锯战。在伊丽莎白统治时期，剑桥大学的学者基本上都支持长老制。在雅各一世统治时期，剑桥大学甚至被称为“清教徒的巢穴”。可见，清教主义从一开始就不是来自群众性的盲动，而是始终就有坚强的神学和学术后盾。

伊丽莎白去世之后，苏格兰女王玛丽之子雅各一世(James I，1603－1625 年在位)继位。[4] 此君在苏格兰所接受的是长老制教育，但他显然更喜欢由国王控制的主教制取代以共和与自治为特色的长老制。那时，苏格兰在约翰·诺克斯(John Knox，1513－1625)的带领下，已经开始彻底

---

4 大陆学界多把 James 翻译为“詹姆斯”，此名在圣经中多次出现，和合本一概翻译为“雅各”。

改革教会，废除了罗马天主教在政治和宗教上的专制，建立共和式长老制教会。诺克斯去世之后，安德鲁·梅尔维尔(Andrew Melvile，1545－1623)进一步完善了苏格兰的长老制。雅各一世强制在苏格兰推行主教制，苏格兰长老会虽然一再经历挫折，但始终没有屈服。在雅各一世统治期间，一部分清教徒流亡到荷兰，其中有著名的清教徒神学家艾姆斯(William Ames，1576－1633)。他们中的一部分人在1620年乘"五月花号"横渡大西洋，开创了普利茅斯殖民地。从此以后，清教主义的种子开始在北美扎根，加尔文神学成为北美基督教神学的主流和骨干。[5]

雅各一世之子查理一世(Charles I，1625－1649年在位)继位后变本加厉，甚至解散国会，并于1637年下令在苏格兰强制实行英格兰主教制礼仪。1638年，苏格兰人奋起反抗，长老宗召开大会，推翻了雅各和查理父子在苏格兰强行建立的主教制。查理派兵进行镇压。为筹措军费，查理于1640年召开国会，人民代表看到自己中间那些最优秀的人遭遇迫害，早已心怀不满，就趁机纷纷对政治和宗教问题发表异议，主张改革。查理一看大势不妙，就解散了这个"短期国会"。随后苏格兰军队长驱直入，大获全胜。查理不得不求和休战，签约赔款，承认主教制不合乎圣经。历史上最可悲的就是，只有战争和死亡才能使那些肆行专制的人意识到自己的罪恶和有限。查理一世此时不再不可一世，不得不重开国会，这就是1640年11月开始的"长期国会"。在国会中清教徒长老宗人士占据主流，主张议会主权，

5 参考 E. Brooks Holifield, *Theology in America* (New Haven & London: Yale University Press, 2003).

立即整顿国务，肃清君侧。国王不甘心失去专制性的权力，就组织力量反扑，1642 年 8 月英国内战爆发。

国会领袖克伦威尔（Oliver Cromwell，1599 - 1658）是一位清教徒政治家和军事家，他建立了著名的清教徒军队——“新模范军”，这支大军是圣徒与英雄的结合，敬畏主权的上帝，憎恨专权的罪人，无条件地相信上帝的预定，无条件地履行自己的责任，不酗酒，不赌博，尊重私产，尊重妇女，是英格兰历史上绝无仅有的杰出军队。他们高唱圣经诗篇中的战歌，打败王军，并于 1649 年公审查理一世，将他判处死刑斩决。克伦威尔一手拿宝剑，一手拿圣经，建立了一个清教徒共和国，他自己担任护国公。克伦威尔实行宗教宽容政策，甚至允许犹太人合法地进入英格兰，在会堂中自由敬拜。在克伦威尔统治期间，英国开始成为世界性的强国。

克伦威尔死后，其子理查德继任护国公，但他懦弱无能，国内开始出现无政府状态。保皇党与长老派联合起来，于 1660 年迎接查理二世复辟，著名的清教徒约翰·欧文也参与了此事。清教徒对查理二世寄予厚望，结果查理二世是个隐蔽的天主教徒，他暗中勾结天主教，倚靠安立甘派，对清教徒大肆压制。其中一项措施就是 1662 年通过《统一法》(an Act of Conformity)，要求所有教牧人员都当“毫无虚假地赞同并支持”《公祷书》中所规定的一切。不久，就有两千名牧师觉得自己的良心不允许自己这样做，于是就被逐出教区，成为“不从国教者”，他们常常被称为“反国教者”。1664 年通过《秘密集会法》(Conventicle Act)，禁止不使用《公祷书》的所有宗教集会。违背这一法案的人受到非常严酷的惩罚。约翰·班扬也是在这段时期坐了十二年的监牢。[6] 查理二世1685年去世，继位的是他儿子雅各二世(James II，1685－1688年在位)。雅各二世想要公开确立天主教为国教，遭到各派的反对。在清教徒支持下，荷兰执政者威廉和玛丽夫妻于1688年11月5日率军在英格兰登陆。威廉是荷兰著名的加尔文主义政治领袖沉默者威廉的后裔，是欧洲抗罗宗抵抗路易十四的带头人。1689年威廉夫妻成为英格兰和苏格兰的君主。1688年"光荣革命"是清教徒在政治上的胜利，确保了国家的宪政自由和基督教的地位。虽然主教制安立甘教会仍然在英格兰保持国教的地位，但1689年的《宽容法案》也使他们的自由得到了相应的保障。从此之后，长达二百余年的清教徒运动在英国告一段落。

以上回顾了清教徒在英国的发展。典型的清教徒是什么形象呢？清教徒是爱家之人，典型的清教徒多是结婚成家的人。清教徒非常注重家庭责任和次序，丈夫和父亲是全家的头，不仅负责养家糊口，更重要的是以爱心和智慧担任全家属灵的领袖，按照圣经的吩咐教训孩子，带领家庭敬拜。清教徒的宗教生活以家庭为单位，以地方教会为中心，清教徒牧者不仅要有心灵的更新，也要接受严格的训练和考核，成为学者式的教牧，教牧式的学者。清教徒所注重的并不是宏伟的教堂，华丽的仪式，他们所注重的是在敬虔的牧者的带领下一起追求敬虔的生活。清教徒注重安息日公共和私人敬拜，孩子都要接受教理问答。如果条件允许，他们每周中间在教会中有一次家庭聚会，一起查经祷告。清

6 参考 S. H. Houghton, *Sketches From Church History* (Edingburg: The Banner of Truth Trust, 1995), pp. 161－165.

教徒的一周是繁忙的一周，生活是严肃的，不能游手好闲，浪费光阴。清教徒普遍相信勤劳是一种美德，上帝对基督徒的呼召就是让我们在这个世界上从事各样的工作，他们是“世界中的圣徒”。如加尔文所说，世界就是我们的修道院；如威斯理所言，世界就是我们的牧场。礼拜天是一周的高峰，这一日绝对禁止游戏娱乐，全家两次参加教会敬拜，午饭或晚饭之后一起讨论所听到的讲道的内容。假如你的邻居是个清教徒，他给我们留下的印象就是敬畏上帝，一丝不苟，但并不会让人感到他是一个怪人。他的外表并没有让人值得注意的特殊之处，饮食起居，行事为人，他都是一个普普通通的正常人。总之，典型的清教徒给我们所留下的印象会是吃苦耐劳，生活节俭，讲究实际，精打细算，在宗教和政治事务上有自己的原则，对于新近政治和教会的发展有清楚的了解，善于思考，善于答疑，彬彬有礼，对圣经内容非常熟悉。要达到这种境界，必须严于律己，攻克己身。对生活和信仰粗心大意、马马虎虎的人，很难成为清教徒，这样的人也常常对清教徒感到不舒服。有很多人猛烈攻击清教徒，往往是出于此类原因，并不是因为教义的缘故。[7]历史家学斯卡福评论说：“英国的清教徒，苏格兰的盟约者和法国的胡格纳教徒都同样是加尔文在灵命上的后裔，他们具有各自不同的民族特征，但都同样具有勇敢的信心和严格的训练。激发他们的心志的也同样都是对上帝的敬畏之情，这使得他们既百折不挠，又自由奔放。他们在上帝的圣言面前满怀敬畏，屈身降服，却绝不屈服于任何属人的权

7　参考 Leland Ryken，*Worldly Saints*（Grand Rapids：Zondervan，1986），pp. 19－20.

势。在他们的眼中,唯独上帝至大至尊。”[8]这样高贵的人格,在任何民族中都是民族的脊梁,在各个国家中都是不可多得的财富。

威斯敏斯德会议是在腥风血雨中召开的。今日许多教会往往把教会历史上的信条视为儿戏,认为那不过是人手写成的东西,时过境迁,已经没有多大的价值。岂不晓得教会的信条字字句句都凝聚了圣徒的鲜血,是他们用生命为一次交付圣徒的真道所做出的不朽见证!会议的全名是“威斯敏斯德宗教会议”(Westminster Assembly of Divines)。“威斯敏斯德”这一名称取自伦敦的“威斯敏斯德大教堂”(Westminster Abbey),威斯敏斯德会议就是在威斯敏斯德大教堂内召开的。会议的背景非常复杂,既涉及到基督教和天主教的冲突,也涉及到国王与国会的冲突,以及英格兰与苏格兰两个国家之间的恩怨,主教制与长老制之间的冲突,宗教与政治的关系,国立教会与独立教会的关系,国家与教会的关系,等等。长期以来,英格兰国王和安立甘派的主教们狼狈为奸,互相利用,维护自己手中的政治和宗教特权。正如臭名昭著的雅各一世所宣称的那样:“没有主教,就没有国王。”查理一世所任命的坎特伯雷大主教劳德声称:“没有主教,就没有真正的教会。”因此,“长期国会”的代表达成共识,要废除国王和主教在国家和教会中的专权,建立立宪君主制和代议制政府。

威斯敏斯德会议在历史上具有独特的重要性,它是十七世纪英国教会史上最重要的一章。从会议的成果和对

---

8 Philip Schaff, *The Creed of Christendom* (New York: Harper & Brothers Publishers, 1877), Vol. I, p. 767.

未来的影响而言，斯卡福称威斯敏斯德会议在基督徒各个宗教会议中可谓首屈一指。[9] 荷兰改革宗多特会议在参加会议人员的学识和道德水准上也同样杰出，但多特会议界定的只是加尔文主义救恩神学五大要义，而威斯敏斯德会议则涉及到基督教神学的各个领域，从上帝的预旨直到末后的审判。将近四百年的时间过去了，如今在美国、加拿大、英国、澳大利亚、新西兰、新加坡、韩国、中国等地仍然有许多教会直接以《威斯敏斯德信条》为他们的教义标准。巴克斯特虽然没有正式参加会议，但他了解会议的整个过程，他对会议评论说："与会的牧师都是博学多识、敬畏上帝的人。他们既具有教牧事奉的能力，又对教会忠心耿耿。我不配成为他们中间的一员，可以更加自由地就事论事。尽管有人敌视，有人嫉妒，根据我们对历史上此类宗教会议的了解，以及其他留给我们的各种证据，我能够做出以下的判断：自从使徒时期以来，再没有任何会议能够与这个会议和多特会议相比，有如此之多杰出的牧者参加。"[10]

1643 年 1 月 26 日，英格兰国会[11]通过法令要废除主教制。1643 年 5 月 13 日和 6 月 12 日，英格兰众议院和枢密院先后通过法令，要求一百二十一位牧师，在十名枢密院成员和二十名众议院成员的辅助下，"于主后 1643 年 7 月 1

9 Philip Schaff, *The Creed of Christendom*, Vol. I, p. 728.

10 Philip Schaff, *The Creed of Christendom*, Vol. I, p. 769.

11 此处之所以用"英格兰国会"而不是用"英国国会"，乃是因为复杂的历史原因。现在的英国包括英格兰、爱尔兰、威尔士和苏格兰。苏格兰在历史上是一个长期独立的国家，直到 1707 年英格兰和苏格兰才统一为大不列颠王国，但苏格兰仍然具有高度独立的地位。直到今天，苏格兰人仍然有自己的货币，自己的议会，长老制仍然是他们的国教。

日，在威斯敏斯德大教堂亨利八世大厅聚集。”[12]因此，从其启动的程序以及性质来看，威斯敏斯德会议并不是一个完全独立的教会会议。国会要大权独揽，要把国家和教会权力都控制在自己的手中，明确立法限制威斯敏斯德会议享有任何权力，只不过是国会所设立的一个临时性、咨询性的委员会，仅就英格兰教会的改革向国会提供建议。当时英格兰所面临的历史性使命也不是建立自由教会，而是推翻国王在政治和宗教上的全面专制。同时我们必须牢记，国会虽然没有赋与威斯敏斯德会议教会本有的独立的立法权，但会议本身的进行和决议并不受国会的干预和辖制。

在议会正式选定参加会议的一百二十一位成员中，有四派人士。一是安立甘派人士，由于国王反对会议的召开，忠于国王的安立甘派人士就没有积极参与。二是长老派人士，在会议成员中占多数，他们中间多数人支持长老制是圣经中所显明的教会制度，也有人支持长老制仅仅是出于权宜之计。即使是那些真诚主张施行长老制的人，也缺乏实际的操作经验，这也是后来长老制未能在英格兰施行的原因之一。三是独立派人士，其中包括著名的教牧神学家古德文(Thomas Goodwin，1600－1680)。他们人数虽少，但影响颇大。四是伊拉斯特派人士，[13]这派人士赞同国家对教

---

12 B. B. Warfield, *The Westminster Assembly and Its Work* (Grand Rapid: Baker, 2003), p. 12.

13 伊拉斯特派(Erastian)，源自一个名叫托马斯·伊拉斯特(Thomas Erastus，1524－1583)的人，他曾经在瑞士巴塞尔学习神学，后来在德国海德堡从医。他主张国家有权干预教会事务，认为教会无权把成员逐出教会，只有国家才是上帝所设立的唯一的有形政府，基督教国家的教会只是国家的一个部门，教会的权柄只是说服、劝诫，无权禁止犯罪者停止参加圣餐。在威斯敏斯德会议中之所以出现伊拉斯特的名字，是因为也有人主张国家对教会享有至高的权柄，而在英格兰议会中大多数人倾向于伊拉斯特(转下页)

会的控制。因此，在《威斯敏斯德信条》制定的过程中，关于基本教义方面并没有多大的争议，与会人士一般都是倾向于加尔文主义神学立场。但在教会治理的方式上，争议非常大。长老派要三面作战，一是反对以主教制为特色的天主教和安立甘派，二是反对过于强调地方教会独立的独立派，三是反对国家对教会的全面控制。

会议如期召开，一开始的时候集中于修改英格兰教会《三十九条信纲》。此时，支持国会的军队与支持国王的军队在战场上失利，英格兰国会派出代表，前往苏格兰首都爱丁堡，寻求苏格兰人的帮助。其实，苏格兰人当时已经享有政治和宗教上的自由，与英格兰国会结盟，只有重新卷入战争的风险，并没有任何实际的利益。在一般人看来，此时的苏格兰人完全可以袖手旁观，置身事外，让这些一直欺负他们的英格兰人鹬蚌相争，然后可以坐收渔翁之利。但苏格兰人出于对上帝的信心，决定出兵相助，于是双方签署了著名的《神圣盟约》(the Solemn League and Covenant)。此盟约首先阐明立约的目的："靠着上帝的恩典，我们应当在各自所在的地位和呼召上，真诚、踏实、不断地努力在教义、敬拜、劝惩和治理上保守苏格兰宗教改革后的宗教形式，反对我们共同的仇敌；根据上帝的圣言，并参照最好的宗教改革教会，在教义、敬拜、劝惩和治理上改革英格兰和爱尔兰两

(接上页)主义。威斯敏斯德会议拒绝这种主张，认为国家和教会既有彼此合作的领域，也有彼此分离的领域，在各自的领域中都享有至高的权柄，但为了荣耀上帝，应当彼此合作。当时正在进行宗教改革的欧洲，害怕重新落在天主教教会专制的轭下，所以很多人想削弱教会的权力，这是可以理解的。但因此而走向极端，把一切权力都归给国家，使得希特勒之类法西斯专制式极权国家在欧洲出现，也带来了极大的危害。威斯敏斯德会议所确定的，是合乎圣经的中道立场。

个王国的宗教;并努力在三个王国内,上帝的众教会在信仰上达至最密切的联结与合一,包括在信仰告白、教会治理形式、敬拜规范与教理问答上。如此,我们以及我们的后裔们,作为弟兄,可以在信心和爱心上共同生活,使主也喜悦居住在我们中间。”第二款明确表示废除教皇制、主教制和各种与教义和敬虔不符的迷信、异端、分裂和亵渎之举。盟约共有六款,最后以反思自省收尾:“因为这些王国犯了许多罪,招惹上帝的震怒,正如在我们目前的困境、危险及其后果中所显明的那样,我们在上帝和全世界面前承认并宣告,我们诚心诚意地为我们自身的罪,为这些王国的罪而谦卑自己,特别是我们并没有珍惜宝贵无比的福音的恩惠,这本是我们应当珍惜的。我们也没有为福音的纯正和影响而努力工作,行事为人与主不配,这些都是我们中间出现其他诸多罪恶和过犯的原因。我们诚心诚意,代表我们自身,以及其他在我们权力管辖范围内的所有人,不管是在公共生活,还是在私人生活中,在我们对上帝和他人所当尽的一切本分中,努力调整我们的生活,人人争先,作真心改革的模范。惟愿如此,能使上帝息去祂的震怒,使这些教会和王国能够在真理与和平中坚定不移。这一圣约是我们在万军之耶和华面前订立的,唯独祂鉴察人心,我们愿意依约而行,因为当末后审判的时候,我们必在上帝面前交账,那时个人一切隐秘的意念都要显明出来。我们谦卑地祈求上帝用祂的圣灵坚固我们,祝福我们的愿望,使我们能够顺利前行,使祂的子民化险为夷,使其他那些仍然在敌基督的暴政下呻吟的基督教会得到鼓励,加入同样或类似的联盟和圣约,使上帝得荣耀,使耶稣基督的国度得以拓展,使基督徒王国和共同体得享平安。”[14]英格兰国会想得到的是政治上的盟友，苏格兰人民想输出的是宗教上的理想。最后他们共同接受的是政治上的结盟和宗教上的联合。

苏格兰差派代表苏格兰教会与国家的专员前往英格兰，[15]英格兰国会和威斯敏斯德会议都在1643年9月25日正式签署了这一盟约，英格兰国会也特别指定了一个委员会代表英格兰国家，同时还有一个代表牧师的委员会，如此三方组成一个“大委员会”(the Grand Committee)，以后威斯敏斯德会议就是在这个大委员会的指导下进行的。会议的整个进程开始集中在为英格兰、苏格兰、爱尔兰起草一个共同的信仰告白、治理规范、敬拜规范和教理问答上。在会议过程中，主要是长老派与独立派之间的争论，特别是在教会治理的形式上更是有长期的激烈的辩论。[16] 独立派甚至声称，教会的全体会员都必须显出“真正蒙恩的标记，使全会众都相信他们已经重生”。[17] 这种极端的立场用意是好的，想避免教会的混杂，但是并不合乎圣经，在实践中也无法操作。他们的这种立场在后来的北美殖民地也带来了一

---

14 William Beveridge, *A Short History of the Westminster Assembly* (Greenville: Reformed Academic Press, 1993), pp.118 - 121.

15 苏格兰先后派出八个专员，其中有五个专员是牧师，较多参加会议的有四位，他们是 Alexander Henderson (1583 - 1646), Robert Ballie (1602 - 1662), Samuel Rutherford (1600 - 1661)，和 George Gillespie (1613 - 1648)，这四位都是学识渊博、德高望重的神学家和牧者，其中的 Gillespie 在参加会议的时候刚满三十岁，但在神学和见识上已经达到炉火纯青的地步，令人叹为观止。他们要求作为大会的会员参加，大会讨论之后，他们认为把他们视为来自苏格兰的专员更合适。他们有权作为来自苏格兰的代表，参加大会各个委员会的会议。

16 其他比较大的争议还有：上帝的预旨，基督徒的自由和良心的自由，基督的主权。

17 William Beveridge, *A Short History of the Westminster Assembly*, pp.69 - 70.

系列的问题。另外，他们竭力反对长老制治理模式，但是当会议请求他们具体陈明他们在教会论上的主张时，他们拖延七个月之久也没有提出具体的说明，使很多人感到非常气愤。[18] 可以想象，要在这样激烈的争论中继续合作，彼此之间都需要极大的耐心和智慧。

会议首先制定了教会治理规范、公共敬拜规范，采纳了以如斯版本(Rous version)为基础的《诗篇颂扬》，然后制定了《威斯敏斯德信条》和《威斯敏斯德大教理问答》、《威斯敏斯德小教理问答》，这些文件的起草几乎是同时在不同的小组分工进行的，但讨论和通过则有一定的先后顺序。1647年11月9日，《大教理问答》已经完成，最后一个苏格兰专员鲁瑟福在众人的感谢声中起身回国。《小教理问答》于1647年11月25日完成，提交议会审议通过。根据有关文件记载，苏格兰专员并没有参与这份文件的起草，但《信条》和《大教理问答》已经完全把教义界定下来，《小教理问答》不过是用更加简明的形式重申前二者的内容而已，然而流传最广泛、影响最深远的，还是这份《小教理问答》。尤其是在苏格兰，这份《小教理问答》一直是历代虔诚的长老宗信徒的信经，学者经常引用苏格兰一位牧者的话，说明这份《小教理问答》对于苏格兰人的宗教思想和灵命训练的影响："现在我已经站在了永恒的边缘上，我年纪越是增加，童年时所学习的《小教理问答》的第一个问答越是在我的心中萦绕，它的意义也越来越完全，越来越深刻：人生的首要目的是什么？就是荣耀上帝，以祂为乐，直到永远。"[19]

---

18 William Beveridge, *A Short History of the Westminster Assembly*, p.70.
19 William Beveridge, *A Short History of the Westminster Assembly*, p.102.

此时，威斯敏斯德会议的工作已经完成。最后一次会议是在1649年2月22日开始，此时会议的主要功能是牧师资格的审核，直到1652年3月25日完全终止。从1643年7月1日，到1649年2月22日，威斯敏斯德大会共举行了1163次会议，除了礼拜六和礼拜天之外，每天都是从九点开会，直到中午一点或两点结束，下午的时间留给各个委员会工作。从1643年至1649年，正是英国历史上大转折的时代。古老的概念，世代沿袭的风俗，已经扎根的信仰，都受到了严格的考验。在这些岁月中，没有人能够预见将来会发生什么。这是一个在理想上高歌猛进的时期，也是在历史进程中一波三折的时代，其中所充满的是武力的冲突，观念的冲突，制度的冲突，时代的冲突。沧海横流，方显英雄本色，因此这是一个需要英雄，造就英雄，也确实是英雄辈出的时代，当然也是一个充满艰辛和悲哀的时代。不管已经重生的圣徒仍是多么不完全，也不管那些假冒为善、肆无忌惮的恶人如何嚣张，历史仍然在按照上帝的旨意前进，国王的专制和教会的专制最终都化为齑粉，最终所诞生的就是社会和宗教上的自由、宽容。虽然英格兰最终并没有实行长老制，在《神圣盟约》的基础上统一英格兰、苏格兰和爱尔兰的梦想并没有完全实现，但威斯敏斯德会议确实高标逸韵，他们在基督的旗帜下，对公义和自由的追求成为全世界所有人民的财富。清教徒的悲剧就是想使社会成为一个圣徒的社会，[20]这也是他们的崇高之处。“取法其上，得乎其中；取法其中，得乎其下。”对理想的追求永远是一个过程。对于清教徒而言，人的一生就是一个朝圣的旅程，历

20 John Stephen Flynn, *The Influence of Puritanism*, p. 7.

史就是一个上帝的旨意逐渐实现的过程，我们所见到的有限，我们所能成就的有限，上帝所要求我们的就是忠心而已。

二、清教徒神学与威斯敏斯德标准

清教徒神学[21]是一个颇为复杂的概念，在威斯敏斯德会议期间，在清教徒内部就有长老派与独立派之分，英格兰的清教徒和苏格兰的清教徒也有不同支持，北美的清教徒与英国的清教徒的神学也不尽相同，荷兰清教徒也有自己的特色。本文主要是以威斯敏斯德标准(the Westminster Standards)，也就是《威斯敏斯德信条》和大、小教理问答为参照，简要地介绍清教徒神学的思路和影响。这种神学也可以称之为"威斯敏斯德神学"(the Westminster Theology)。

清教徒神学不是书斋中的产物，更不是来自深山老林中的冥思苦想，而是清教徒在教会、议会、社会等现实生活各个方面争战过程中出现的，是无数清教徒心血的结晶。因此，我们在谈及清教徒神学的时候，一方面是介绍其作为一种运动的轨迹，另外也特别介绍其教义的特征。作为一个运动，清教徒神学有八大特色。

1. 清教徒运动首先是一个宗教运动。尽管清教徒运

---

21 "清教徒神学"与"清教主义"、"清教徒主义"都是对 Puritanism 一词的不同译法。我自己更喜欢"清教徒神学"这一译法，清教徒的思想并不是一种"主义"，而是一个明确的神学体系。但在一些英文书籍中，有时翻译为清教主义似乎更合乎作者的原意。本文主要运用"清教徒神学"，有时也采用"清教主义"。参见奥尔森：《基督教神学思想史》，吴瑞诚、徐成德译，周学信校订，北京：北京大学出版社，2003 年，页 559；麦格夫：《历史神学》，赵崇明译，香港：天道书楼，2002 年，页 213；威利斯顿 · 沃尔克：《基督教教会史》，孙善玲、段琦、朱代强译，北京：中国社会科学出版社，1991 年，页 454 - 531。

动影响到政治、社会、经济生活的各个方面，但就其本质而言，清教徒运动并不是政治运动、社会运动或经济运动。对于每个清教徒而言，最重要的问题首先是："我们当怎样行，才能得救？"一个新模范军将领写信给克伦威尔说："阁下，惟愿等候耶和华是你每天最重要的事情；惟愿您视之比吃饭、睡觉、会商更重要。"[22]清教徒首要的目标就是按照圣经净化教会，在教义、敬拜和治理上改革教会，去除英格兰教会中仍然残余的罗马天主教的毒酵，消除英格兰专制君主对教会的干预和控制，使每个人都能够按照圣经和良心自由地敬拜上帝。因此，清教徒在教义和释经方面都有大量的神学著述，成为后来基督教的瑰宝。

2. 清教徒运动是一个道德运动。清教徒具有极强的道德意识，他们把何谓善、何谓恶视为最重要的问题，把生命视为持续不断的善与恶之间的争战，人或者是站在上帝这一边，或者是站在撒但这一边，并没有中间立场。基督徒应当在上帝的帮助下，警醒祷告，谨慎守望，不断地胜过自身和周围的罪。克伦威尔深信，国家的伟大在于国民的敬虔。"公义使邦国高举，罪恶是人民的羞辱"（箴 14:34）。清教徒密尔顿曾经大声呼吁："热爱美德吧，唯独美德是不需要花费任何金钱的。"清教徒注重婚姻和家庭，特别强调淫乱的罪恶性。清教徒强调勤劳和节俭，自立和自尊。清教徒男人以敬虔、诚实、持重、勇敢而著称，清教徒妇女则是以虔诚、贞洁、贤淑、简朴而著称。清教徒妇女喜欢针线活，喜欢家庭酿酒，烤制面包，栽种花草，她们总是把家庭收拾得干干净净，没有时间去追逐社会的时尚。清教徒对待婚

---

22 转引自 Ryken，*Worldly Saints*，p.11.

姻非常严肃，清教徒的家庭生活注重次序，同时又充满了圣洁之爱所带来的美丽、平安、甜蜜和温馨。典型的清教徒家庭早晨和晚上都有家庭敬拜，他们喜欢用简单的旋律唱颂《诗篇》，普遍喜欢旧约中的教训。家庭是培养品格的地方，清教徒对家庭敬虔的注重是清教主义的一大特色。热爱真理，憎恶谎言，忠诚守约，清教主义所塑造的这样的品格乃是全社会的财富。

3. 清教徒运动是一场改革运动。清教徒绝不因循守旧，更不会认同现状，他们的目标就是根据上帝的圣言不断地改革自身，他们呼吁作家长的要不断改革家庭，作牧者的要不断改革教会，从政的要不断改革国家。他们呼吁每个人都行动起来，首先使自己成为实现上帝旨意的器皿，然后致力于在社会各个领域中积极行善，消除不义。因此，教会的每次复兴和改革，都具有清教徒的色彩。

4. 清教徒运动也是一场国际运动。英国清教徒领袖多数都曾游历欧洲大陆各国，或是为了求学，或是因为避难。因此，清教徒不仅有来自圣经的崇高的异象，也有广泛的视野，他们突破了民族、国家、地域、历史的疆界，博采百家之长，形成自己的特色。因此，清教徒神学绝不是在深山老林、荒漠山洞中冥思苦想出来的，而是在大学里，在教会中，在议会里，在战场上，也就是在丰富的生活实践中提炼出来的。从清教徒的影响来看，也是国际性的，美国、加拿大、澳大利亚、匈牙利、韩国等都深受清教徒神学的影响。中国教会进入二十一世纪之后，也有越来越多的有识之士认识到清教徒神学的宝贵。

5. 清教徒运动一直是少数派运动。清教徒运动绝不是盲目的大规模的群众运动。英格兰清教徒虽然一度在议会中取得强大的影响力，但就其人数而言，从来没有占大多数，很多时候还遭受迫害。有一段时期，清教徒领袖进出监狱甚至成为一种生活方式。他们虽然人数不多，但因为他们在精神上的魅力、道德上的卓越和学术上的精湛，他们在社会上带来了巨大的影响，确实尽到了“光”与“盐”的作用。清教徒固然喜欢圣徒相通，喜欢有更多的人接受真道，但他们也不怕孤军奋战，他们更重视的乃是灵命的质量，宁要好梨一个，不要烂梨一筐。因此，清教徒严于律己，精益求精。上帝的工作并不是从大而多开始的，上帝的工作是从少数敬虔的人开始，甚至是从一个人开始。义人的祈祷是大有力量的，他们在上帝的眼中无比宝贵，圣经中甚至明确地说：“你们当在耶路撒冷的街上跑来跑去，在宽阔处寻找，看看有一人行公义、求诚实没有？若有，我就赦免这城”（耶 5:1）。因此，清教徒经常感叹的并不是教会和社会的败坏，而是时时省察自己，认识到自身的软弱，定意从自身做起，寻求上帝的怜悯，自觉担任教会和国家的守望者。

6. 清教徒运动也是一场平信徒的运动。清教徒牧者绝没有把自己禁锢在学术的象牙塔内，更没有滞留在组织性教会中以宗教精英自居，他们最大的热情就是向民众教导上帝公义的律法，传讲恩惠的福音。即使很多人在大学中担任教授，他们仍然兼任教会的牧者，孜孜不倦地向会众教导上帝的圣言。像著名的清教徒巴克斯特一样，他们每周都深入探访教区的各个家庭，帮助、督促家长带领家庭敬拜和教理问答，使平信徒在文化、道德和宗教上不断精进，在各个领域中成为基督的精兵。因此，清教徒运动也是一场教育运动，我们甚至可以说，清教徒运动就是一场敬虔的大学教授所带领的运动。牛津大学、剑桥大学既是英格兰清教徒的摇篮，更因为清教徒在学术上的追求开始超越欧洲大陆更古老的大学，成为国际性的著名学府。美国的哈佛大学、哥伦比亚大学等名牌大学也都是移民北美的清教徒创建的。北美一位清教徒给马萨诸塞殖民地的总督写信说："假如大学消失了，教会也不会存续很久。"当然，清教徒不仅注重高等教育，也注重从小就在家庭、教会和基督徒学校中用主的教训培养孩子的品德和学识。对于清教徒而言，要把自己还没有辨别力的孩子送给不信主的人去教育，乃是不可思议的。因此，清教徒无论到哪里去，都兴办基督徒学校，想方设法使后代接受合乎圣经的敬虔教育。

7. 最重要的是清教徒运动是一场圣经运动。对于清教徒而言，上帝的圣言不是一般性的言词，而是上帝的"法言"，有来自上帝的权威，首先要明白，其次就是要遵行。正是他们这种对圣经权威的重视，才使得他们与英国其他新教徒分别出来。史密斯告诫会众说："无论何时，我们都应将上帝的话语作为标尺，放在面前。圣经之外，别无所信；圣经之外，别无所爱；圣经之外，别无所恨；圣经之外，别无所为。"[23]清教徒把圣经六十六卷书，看成是圣灵所赐给他们的图书馆。在礼拜天的时候，清教徒人人都去参加教会的聚会，讲道常常持续两个小时。牧师的讲道非常投入，常常是汗流浃背，讲道结束后不得不换件衬衫。他们立志以圣经为绝对的、客观的、超验的至高标准来规范自己，改变自己，这与当今那些对圣经似懂非懂，却动辄就要怀疑圣经、批判圣经的所谓的基督徒形成了鲜明的对照。清教徒中出

---

23 周必克：《清教徒的福音侍奉》，陈路译，王志勇编校，威斯敏斯德出版社，2001 年，页 6－7。

现了很多著名的解经家，特别是马太·普勒（Matthew Poole，1624－1679）和马太·亨利（Matthew Henry，1662－1714）的圣经注释，到现在都是许多基督徒家庭和牧者的必备书籍。希望有一天，这两套解经书籍也能翻译为中文，成为中国教会的祝福。

8. 当然，我们也不用讳言，清教徒运动也是政治和经济运动。当时英格兰教会处于专制国王的辖制之下，清教徒对教会的改革自然涉及到政治的变革。并且，清教徒神学注重公义和自由，不可避免地要和形形色色的抵挡基督的专制者发生冲突。从清教徒神学的产生和发展来看，清教徒神学本身就是基督教在残酷的政治逼迫下所流露出的芳香四溢的橄榄油，给全世界一切热爱真理的人带来鼓励和滋养。清教徒神学也是在政治和宗教逼迫的烈火中和铁锤下锻炼出来的利剑，全世界一切热爱政治和宗教自由的人都为之欢欣鼓舞。清教徒最典型的特征就是他们对圣经的高度尊重，他们不仅把圣经视为个人信仰的权威，更是把圣经视为个人生活和社会生活各个方面的权威，既包括宗教的领域，也包括政治的领域。他们绝不会像当今某些自诩敬虔的教会人士那样，把政治与宗教截然分开。没有政治上的自由，怎能有宗教上的自由？在一个国家中，假如一般公民都没有集会的自由，基督徒怎能享有聚会敬拜的自由呢？这是显而易见的常识。因此，他们不仅在宗教领域，为教义、敬拜和治理的纯正而迫切祷告，百折不挠；同时也为政治上的自由揭竿而起，艰苦奋斗，以少胜多，以弱胜强，最终把肆行专制的君王推上了断头台。因此，清教主义被称为“圣徒与英雄”的宗教。但清教徒绝不是政治上的狂热分子，他们绝不会像中国历史中常见的那样把对手赶尽杀绝，而是更愿意通过长期的忍耐和审慎的妥协化敌为友。清教徒牧者多是英国剑桥大学和牛津大学的毕业生，他们都受过良好的教育。他们心中所爱的就是真理和自由，对自由的热爱深深地流淌在他们的血液中。对自由的珍惜和热爱也成为英国人的传统，不管是在政治事务上，还是在宗教事务上，他们都不喜欢任何外在的权威强迫他们服从。

清教徒注重公义和自由，尤其是个人良心的自由。不管是国王，还是教会，都不得辖制个人的良心。因此，清教徒既反对国王的专权，也反对主教的专权；既反对国家的专制，也反对教会的专制。每个基督徒都应当是神学家，也应当是政治家。清教徒的教育所要造就的不是抽象化、神秘化的"敬虔"之人，而是有学识的人，有政治智慧的人。因此，在清教徒所设计的课程中，法律和政治始终占有重要的地位。[24] 教会和大学应当为社会培养富有正义精神的法官和政治人才。如果那些敬畏上帝的人不去关心公众之事，就会任凭那些邪恶之人横行霸道，独断专行。更为宝贵的是，清教徒神学家深入农村宣教牧会，很多著名的清教徒传道人几乎终生在偏远的乡村传道牧会。因此，历史学家指出："若是没有清教主义，英国农民始终还在异教的黑暗之中。"[25]

以上所讲的是清教徒神学作为一种运动的特色。接下来我们介绍清教徒在教义上的特色。这些特色都在基督教的基本框架之内，但却是清教徒所突出强调的。从教义上而言，清教徒的神学思想都属于加尔文体系的路径，因此，

---

24 John Stephen Flynn, *The Influence of Puritanism*, p. 155.

25 John Stephen Flynn, *The Influence of Puritanism*, p. 166.

对于清教徒而言，上帝的主权，个人的自由，赖恩得救，因信称义，分别为圣，都是不证自明的公理。以下我们根据威斯敏斯德标准，简述清教徒神学的十二大神学主题及其特色。由于篇幅限制，此处我们以圣经论为重点评析，其他十一点仅作简介。

1. 上帝所启示的无谬圣经乃是最高的标准。《威斯敏斯德信条》的制定正处于基督教信仰巩固和诠释的阶段，作者运用了经院主义的方法，对每个教义的各个方面进行了详尽、精确的界定。[26] 在今日教会中，当谈起改革宗或清教徒神学的时候，很多人马上想到的是预定论，其实就清教徒神学的杰作《威斯敏斯德信条》而言，最重要的就是第一章"圣经论"。对于参加威斯敏斯德会议的这些教牧神学家而言，所有关于得救的知识以及信心和顺服，圣经乃是唯一充分、明确、无谬的准则。因此，莫里斯总结说："《威斯敏斯德信条》的出发点既不是任何哲学原理，也不是某个重要的基督教教义，而是直接以上帝的圣言为信仰和生活的独一准则。"[27] 华菲德曾用 178 页的篇幅，考察威斯敏斯德标准中的圣经论，他首先指出："参加威斯敏斯德会议的众牧者把'圣经论'这一章放在整个信条的第一章，并且由此而奠定了他们教义体系的根基。在认识的崇高和表达的精确方面，《威斯敏斯德信条》的'圣经论'可谓是所有基督教信条中最为卓越的。"[28] 我将此章十条规定归纳为圣经论十七大

26 John H. Leith, *Assembly at Westminster* (Richmond: John Knox Press, 1973), pp. 65 – 74.

27 Edward D. Morris, *Theology of the Westminster Symbols* (Columbus, 1900), p. 67.

28 B. B. Warfield, *The Westminster Assembly and its Work*, p. 155.

支柱性教义。

(1) 必要论:本条承认自然之光或普遍启示的存在,同时申明"将那为得救所必需的对上帝及其旨意的知识给与人",特殊启示是必不可少的。同时,本条也阐明了上帝把特殊启示笔之于书的必要性:"主为了更好地保守并传扬真理,且为了更加坚立教会,安慰教会,抵挡肉体的败坏以及撒但和世界的毒害,遂使全部启示笔之于书。"

(2) 封顶论:上帝是否仍然在用特殊启示的方式向某个教会或某个信徒显明新的教义?这个问题非常重要。若是启示并没有封顶,仍然不断有新的启示出现,这样基督教就处于不稳定的状态。但信条明确指出:"上帝从前向祂百姓启示自己旨意的这些方法,如今已经止息了。"

(3) 卷目论:信条明确了基督教所承认的纳为正典的六十六卷书。

(4) 默示论:这些书卷都是上帝所默示的,是信仰与生活的准则。

(5) 旁经论:信条明确指出旁经各卷书"并非出于上帝的默示,所以不属于圣经正典;因此,它们在上帝的教会中没有任何权威性",同时,信条本身也并没有禁止人们阅读这些书卷,而是教导人们正确地看待这些书卷,"只能当作一般人的著作来看待或使用"。

(6) 权威论:第四条论及圣经的权威性以及这种权威性的来源。信条首先肯定圣经的权威性:"圣经的权威性应当受到人的信服",然后指出这权威性"并不倚赖任何个人或教会的见证,而是完全在于其作者上帝,祂就是真理本身"。因此,圣经的权威性既不是来自任何个人,甚至也不是来自教会。相反,个人和教会都当以圣经为权威。对于制定信条的牧者而言，逻辑非常简单："既然圣经是上帝的话，我们就应当接受。"因此，"圣经是上帝的话"，这并非来自任何理性或逻辑的证明，乃是来自以信心为本的前提，当然这种以信为本的前提论，也不是什么都不解释，只是一味地要求人们相信的唯信主义。相反，在下一条中，从客观和主观两个方面解释了这种确信的来源。

(7) 自证论：如何证明圣经就是上帝的话？《威斯敏斯德信条》也为人们提供了证明的方式。客观的、直接的证明就是圣经本身。"圣经属天的性质，教义的效力，文体的庄严，各部的契合，整书的目的（就是将一切荣耀都归给上帝），人类唯一得救之道的完全展示，和其他许多无可比拟的优点，及整卷书的全备，都十足自证其为上帝的话。"因此，圣经的权威性并不是建立在考古发现上，也不是建立在圣经给人所带来的功效或益处上，而是建立在圣经自身的见证上。

(8) 内证论：同时，信条本身也避免了理性主义的倾向，明确指出我们之所以相信圣经是上帝的话，并不是因为外在的证据，也不是因为个人理性的推究和他人的说服，"乃是由于圣灵的内在之工"。也就是说，只有藉着圣灵在我们心中的内证，我们才能"完全信服并确知圣经无谬的真理性和神圣的权威性"。同时，信条本身也强调，这种确信并非完全离开圣经，相反，圣灵的工作乃是"藉着上帝的圣言，并与上帝的圣言一道在我们心里作证"。因此，《威斯敏斯德信条》的圣经论始终把握圣灵与圣言两方面的平衡。

(9) 全备论：信条明确申明："上帝全备的旨意，也就是关于祂自己的荣耀、人的得救、信仰和生活所必需的一切事，或已明确记载于圣经之中，或可用合理的推论，由圣经引申出必然的结论。”此处值得注意的一点是，信条既承认圣经明确的记载，也承认“合理的推论”，有人仅仅承认圣经文字上直接记载的东西，对于圣经中没有明确提及的概念就不予承认，比如“三位一体”、“神人二性”等，这种偏颇限制了人类理性的发挥，同时也限制了圣经的范围和应用。另外，信条断然指出：“不论是所谓的圣灵的新启示，还是人的遗传，都不得于任何时候加入圣经。”圣经既是全备的，就不需要我们再加加减减。当然，此处重点所杜绝的是各种异端伪称有“新启示”，把自己的私货也上升到圣经的地步。

（10）光照论：同时，信条明确了“圣灵内在的光照”的作用：“要明白圣经中所启示的使人得救的知识，圣灵内在的光照是必不可少的。”因此，明白圣经并不仅仅是理性思考的问题，若不是上帝开我们的心窍，哪怕我们毕生以研究圣经为专业，甚至精通圣经原文，我们所得到的也不过是表面性的认识。因此，赫治强调说：“要对圣经中所包含的真理有真正的使人得救的认识，圣灵的大能所给人带来的属灵的光照乃是必不可少的。”[29]

（11）常识论：更为宝贵的是信条始终高举上帝的圣言的规范作用和圣灵的光照作用，却又没有完全否定普遍启示和常识的价值：“规范有若干关于敬拜上帝和教会治理的细节，与人类日常生活和社会团体有相通之处，所以可以根据自然之光和基督徒的智慧予以规定，但总要遵照圣道的通则。”比如说教会在主日到底何时聚会？就当根据当地的情况和常识做出合理的安排，但是我们并不能随意取消主

---

29 A. A. Hodge, *A Commentary on the Confession of Faith* (Philadelphia: Presbyterian Board of Christian Education, 1932), p. 61.

日的聚会。

(12) 明晰论：本章第 7 条论及圣经的明晰性。首先从否定的角度指出："圣经中所记各事本身并不都是一样明显，对各人也不都是一样清楚"，这就杜绝了人的肤浅和骄傲。首先，圣经中的经文并不都是简明易懂的，连使徒彼得也承认在保罗的书信中"有些难明白的"(彼后 3:16)。其次，即使同样的经文，不同的人理解程度也不相同，同样的人在不同的时期所理解的程度也不相同。因此，我们需要不断查考圣经，也要尊重牧者的教导，谦卑地承认自己始终有不明白的地方。同时，信条本身也杜绝了任何人声称圣经难懂，从而不读经的借口："然而为得救所必须知道、相信并遵行的事，在圣经此处或彼处已明载而详论，以致不仅有学识的，而且无学识的，只要正当使用通常的蒙恩之道，便都可以有充分的理解。"此处提出了"通常的蒙恩之道"的概念，这在大、小教理问答中都有明确的阐述，也就是听道、圣餐和祷告。对蒙恩之道的强调不仅来自威斯敏斯德神学，也是改革宗神学的普遍性特色之一。

(13) 文本论：圣经都是上帝默示的，这并不是指中文和合本译本，也不是指英文钦定本，而是指原初的版本(autograph)。[30] 只有原初的版本才是上帝所直接默示的，因此，信条界定说："希伯来文(古时上帝选民的文字)旧约，和希腊文(新约时代各国最通用的文字)新约，都是上帝直接默示的。"但原初的版本现在并不存在，目前存在的只是各种各样的抄本，这就需要"经文鉴定"(textual criticism)，

30 J. Harold Greenlee, *Introduction to New Testament Textual Criticism* (Peabody: Hendrickson, 1995), p. 1.

判定到底哪种抄本是权威性的抄本。此处存在的重要问题就是：到底谁有权威做出这样的鉴定呢？做出鉴定的时候到底又以什么为标准呢？此类问题在十九、二十世纪的保守派和自由派之间展开了激烈的争战。争战的核心在于以下介绍的“保守论”（God's providential preservation of his Word）。

（14）保守论：信条明确规定，圣经文本的“纯正因上帝特别看顾和护理而在历代得以保守，所以它们是真实可信的”。因此，自从威斯敏斯德会议以来，保守派改革宗人士一直相信保守论，相信圣经不仅是上帝所默示的，也是上帝所保守的。道理很简单，若是没有上帝对圣经文本的保守，圣经的默示性就没有任何实际的意义。我们即使承认圣经都是上帝所默示的，但这直接默示的文本却不存在，假如抄本的制作和传承没有上帝的保守，那么圣经就和普普通通的一本书一样，在传抄的过程中难免出现各种各样的错误，“唯独圣经”就变得没有任何意义。只有在承认保守论之后，我们所见到的圣经才会具有可信性，我们才能说：“一切有关宗教的辩论，教会最终都当诉诸圣经。”可惜，目前这种保守论在欧美教会中开始成为少数派，即使很多改革宗教会及其神学院也已经放弃保守论，动摇了基督教信仰的根基，使得圣经本身的经文沦落在考古专家和所谓的高等批判专家的手中，且在他们手中变来变去，很多新的译本对经文随意变通取舍，败坏上帝的真道，招惹上帝的震怒。[31]

---

31 参考 John W. Burgon, *Unholy Hands on the Bible* (Lafayette: Sovereign Grace Trust Fund, 1990).

（15）翻译论：第9条谈及圣经的翻译问题。正统穆斯林反对把《古兰经》翻译为其他文字，认为只有用阿拉伯文才能明白《古兰经》的精义。正统犹太教徒也都坚持用希伯来文阅读旧约圣经。罗马天主教为了保持自己对圣经解释的垄断权，从而维持教士的特殊地位，长期以来一直反对把圣经翻译为各国通用的文字，丁道尔就是因为要把圣经翻译为英文而被他们逮捕烧死的。因此，我们中国信徒能够用中文读圣经，也是宗教改革给我们带来的益处。

（16）释经论：在目前中国教会中，很多基督徒逐渐开始听到"以经解经"和"解经式讲道"这样的名词。其实，这些多是来自威斯敏斯德神学。在《威斯敏斯德信条》中明确提出了"以经解经"的原则："解释圣经无谬的规则，就是以经解经；因此，当我们对圣经某处真实和完全的意义发生疑问时（该意义只有一个，不是多种），就当查考其他更清楚的经文来加以解明。"这种解经最不容易，需要详细地查考圣经，从文法和历史的角度查明经文的原意，然后从经文本身得出教训，加以应用。

（17）自由论：威斯敏斯德神学始终强调圣灵与圣言的平衡。[32] 在这个平衡中所要保守的乃是基督徒的自由。信条最后明确指出："要判断一切宗教的争论，审查一切教会会议的决议、古代作者的意见、世人的教训和私人的经历，我们所当依据的最高裁决者，除在圣经中说话的圣灵以外，别无其他。"因此，圣经是基督徒信仰与生活的绝对标准，而圣灵则是基督徒信仰与生活的最高裁判，任何个人和组织

---

32 Cf. Wayne R. Spear, *Word and Spirit in the Westminster Confession*, *from The Westminster Confession into the* 21st *Century*, edited by Ligon Duncan (Rosshire: Christian Focus Publications, 2004), Vol. I, pp. 39 - 56.

都不可把自己的意见凌驾于圣经之上,任何个人和组织都不可用自己的权威取代圣灵,在圣经与圣灵之间直接感应、负责的就是个人的良心,每个人都要根据圣灵对个人良心的引导做出自己的回应。这一规定其实是一个伟大的自由宣言,使基督徒不仅摆脱国家的专制,也摆脱有形教会的专制,和其他各种各样的桎梏,个人直接对上帝负责。当然这绝不是让我们不尊重"教会会议的决议、古代作者的意见、世人的教训和私人的经历",这些都是上帝赐给我们的帮助,但绝不能取代上帝的圣言和圣灵的地位,绝不能代替我们自己做出选择。这样的自由是至高的自由,是一切自由的根基。当然,这样的自由也是具有高度责任感的人才能善加使用的自由。

2. 圣经中所启示的三一上帝是万有的根本。《威斯敏斯德信条》第 2 章至第 5 章属于传统的系统神学中的上帝论。基督教神学中最重要的两论就是圣经论和上帝论。追本溯源,一切神学上的偏颇最终一般都是因为在圣经论或上帝论上有问题。神学的核心就是根据上帝的圣言来认识上帝,可惜当今神学几乎变成了人学,所注重的都是人的需要和满足。第 2 章论及上帝的本质、属性和三位一体,第 3 章论及上帝的预旨,第 4、5 章分别论及上帝的创造和护理之工。瑞肯在总结清教徒神学八大特色的时候,其中两点就是清教徒的创造论和护理论。清教徒相信是上帝创造了世界,因此,世界本质上是善的,而不是恶的。他们相信整个物质世界所指向的就是上帝,因此在《威斯敏斯德信条》第 1 章第 1 句中他们就谈及"自然之光"(the light of nature)。基督徒应当把世界视为上帝的工厂、圣殿。巴克斯特甚至说:"世界就是上帝的书卷,每个受造物都是一个音节，一个字符，一个句子，……它们都在宣告上帝的圣名和旨意。"因此，清教徒断然否定来自希腊哲学的那种物质与精神的二分法。清教徒极其信靠上帝的护理，他们在每个事件中都看到是上帝的手在掌管一切，他们在自己的日记中大量地记载上帝的恩典如何在他们日常的生活中与他们同在。[33]

3. 上帝与人之间的关系模式乃是圣约式的。在十六、十七世纪改革宗信条中，唯独《威斯敏斯德信条》明确地界定了圣约的概念，并以圣约论为基本概念，以此界定上帝与人之间、人与人之间的关系。我们甚至可以说，威斯敏斯德神学就是圣约神学。《威斯敏斯德信条》的制定就是起始于《神圣盟约》的签订，清教徒的圣约论绝不仅仅局限于上帝与人之间，而是贯穿于个人生活与社会生活的各个方面。上帝是信实的上帝，就是指上帝是守约的上帝，祂的应许绝不变更，祂的律法绝不废弃，祂最终必以祂的圣约和律法来审判每一个人。主耶稣基督是圣约的中保，祂是完全的上帝，代表上帝，向选民显明了上帝的信实；祂是完全的人，代表选民，完全满足了上帝圣约的要求。每个人或者是守约者，或者是违约者，守约蒙福，违约受损，并没有中间性的选择。清教徒把家庭、教会和国家都视为立约性的实体，每个成员都当明白自己在约中所享有的应许，以及自己按约当尽的责任。这种圣约论，不仅影响到清教徒的属灵生活，还直接影响到清教徒的经济与政治生活。因此，清教徒在经济往来中，注重契约的概念，契约就是法律，双方必须诚实履约；在政治生活中，强调国家必须建立在公民契约的基础

33 Ryken, *Worldly Saints*, p.11.

上，没有公民的同意，不得随意征收税赋，甚至没有公民以选举所表达的同意，就没有合法的政府。更重要的是，上帝既是契约的第三方，也是契约的监管者，那些肆意滥用自己的自由，肆意践踏他人的自由，恶意违约的人必然受到上帝的惩处。

4. 上帝所启示的律法是祂所设立的圣约标准。清教徒对上帝的律法的重视是特别出名的，西方社会中对法治的重视在很大程度上就是来自清教徒的传统。在清教徒的思想中，国有国法，家有家规。没有规矩，不成方圆。作为人，我们总是要遵守一定的标准和规矩。对于清教徒而言，上帝的律法就是上帝所设立的标准和规矩，是每个人都当遵行的。圣经明确强调："敬畏上帝，谨守他的诫命。这是人所当尽的本分"（传 12:13）；"人当以训诲和法度为标准"（赛 8:20）；"凡事都要规规矩矩地按着次序行"（林前 14:40）。在许多改革宗教会中，也有把上帝的律法高高挂起，不加讲授，就像当初的法利赛人一样，暗暗地用人的传统取代了上帝的诫命（太 15:1－9），致使教会腐败，假冒为善盛行，社会道德沉沦。同时，有些人往往更关注改革宗神学中的预定论，却忽略了上帝的律法，更没有以上帝的律法为标准来要求自己分别为圣，不断雕塑自己的性情。其实，改革宗神学的重心并不在于抽象的思辨，而在于敬虔的生活，而这敬虔的生活既是源于圣灵使人重生的大能，也是来自个人对上帝的律法的自愿的顺服。正如莫里斯所言："上帝绝对的预旨并不是某种幽暗、可怕的旨意，深不可测，无法辨明，而是无处不受其完美的律法的影响。上帝的主权不是专断的统治，只是显明祂无限的智慧毫不动摇。更准确地说，上帝的主权是藉着祂神圣的律法而施行的，这律法不仅是祂自己所设立的，是受造物必须遵行的准则；更是祂自己亲自解释，亲自遵行的。”[34]耶稣基督就是最美好的见证和榜样，祂既明确地从认知的角度向我们解释了律法的精义，同时也在行为上为我们完美地成全了上帝的律法。祂说："莫想我来要废掉律法……，乃是要成全"（太 5:17）。清教徒不仅把上帝的律法视为上帝所设立的奠定基督徒自由的界限，更在新约的亮光下把上帝的律法视为在基督里得自由的蒙恩之道。[35] 当然，清教徒的律法观都是建立在圣约论的基础和架构上的。当今教会许多人对于上帝的律法缺乏正确的理解和界定，主要原因也往往是因为不明白圣约论的缘故。唯独设律法的上帝才是选民的救主，而上帝所设立的律法乃是选民在恩典之约中圣洁生活的标准。因此，上帝所设立的律法始终是上帝为其选民所启示的圣约的标准，上帝的选民遵守上帝的律法绝不是为了得救，而是因为他们已经得救！《威斯敏斯德小教理问答》第 40 问中问及："上帝起初向人启示了什么作为顺服祂的标准呢？"回答就是："上帝起初向人启示了道德律作为顺服祂的标准。"以下是对四个著名的改革宗教理问答的分析，在这些教理问答中，律法论都占有相当大的比重，可见当初的宗教改革者对律法的普遍重视。[36] 今日教会忽视上帝的律法，最终所导致的就是"轻言信心"、"廉价恩典"。

---

34 Morris, *Theology of the Westminster Symbols*, p. 506.

35 参看 Samuel Bolton, *The True Bounds of Christian Freedom* (Edinburgh: The Banner of Truth Trust, 2001). 二十世纪神学家 Enerst F. Kevan 专门考察清教徒神学，著有 *The Grace of Law* (Morgan: Soli Deo Gloria Publications, 1993)一书，特别阐明清教徒关于律法的主张。

36 W. Robert. Godfrey, *An Intruduction to the Westminster Larger Catechism*, from Johannes G. Vos, *The Larger Catechism*, xviii.

	加尔文日内瓦教理问答（374问）	海德堡教理问答（129问）	威斯敏斯德小教理问答（107问）	威斯敏斯德大教理问答（196问）
基督的位格和工作	59问 15.8%	31问 24%	11问 10.3%	27问 13.8%
律法	102问 27.1%	24问 18.6%	43问 40%	59问 30%
祷告	64问 17%	14问 10.9%	10问 9.3%	19问 9.6%
圣礼	78问 20.7%	17问 13.2%	7问 6.5%	17问 8.7%
直接与“圣灵”有关的界定	34问 9.1%	30问 23.3%	10问 9.3%	36问 18.4%
出现“教会”一词的地方	22问 5.9%	6问 4.7%	1问 0.9%	26问 13.2%

5. 耶稣基督是上帝与人之间唯一的中保。就其本质而言，基督教所恢复的就是基督在上帝与人之间独一的中保地位。罗马天主教与基督教一致认可以《使徒信经》、《尼西亚信经》、《迦克敦信经》和《亚塔那修信经》四大信经所界定的三位一体的教义，一致认可基督的救赎乃是罪人得救的最终根基，然而天主教更突出有形教会的中保作用，甚至把教皇推崇到“无谬”的地步，使救恩依赖于教会的圣礼、代祷、赦罪之功，因而也从实质上否定了基督的中保作用。基督教正本清源，归回圣经，重申救恩的核心就在于信徒与基督之间所建立的直接的关系，这种关系是唯独藉着信心建立的，并不需要教会的中介。罗马天主教要求个人通过有形教会来到基督面前，而基督教则坚持个人只有藉着基督

才能进入真教会。教会的讲道、圣礼、代祷固然是上帝所设立的蒙恩之道，每个人都当予以重视，但是讲道、圣礼和代祷本身并没有直接的魔术性的作用，若是没有圣灵的工作，任何人都不能得到属灵的益处。威斯敏斯德神学谈及基督的神人二性，基督降卑与升高的两种状态，基督的积极顺服和消极顺服，基督先知、祭司与君王的职分，只有在这样的架构和界定中，"唯独基督"才有了真正的内涵。正是因为强调基督作为独一的中保的地位和作用，任何个人、组织都不得僭越基督的地位，不得扮演"救赎主"的角色，这就消除了形形色色的专制的神学或理论土壤，使个人在上帝面前因着基督而得到完全的自由。

6. 清教徒尊重现有的政治与社会秩序，强调根据圣经和良心来顺服现有的执政掌权者（罗 13:1－7）。同时，清教徒也特别强调"基督的主权"（the Lordship of Christ）。他们并没有把基督的主权限制在宗教的领域中，限制在"天上"或将来的"天国"中，而是强调基督现在就已经是"万主之主，万王之王"。基督徒的使命就是加入耶稣基督得胜的大军，建立合乎上帝心意的社会和文明。清教徒约翰·格瑞在 1646 年所发表的一个名为《一个英国老清教徒或不从国教者的特征》的小册子中说："他把自己的一生视为一场争战，基督就是他的元首，……十字架就是他的旗帜，他的座右铭就是：受苦者必是得胜者。"[37] 清教徒所喜欢的诗篇之一，就是第 72 篇，这首诗篇所歌咏的就是基督的主权："祂要执掌权柄，从这海直到那海，从大河直到地极"（诗

37 转引自 Leland Ryken，*Worldly Saints*（Grand Rapids：Zondervan，1986），xi.

72:8)。清教徒这种对基督的主权的强调为世上各种权力的合法性提供了一个超验性的基础,秉承西方中世纪宪政的思想,[38]对于现代文明中民主、法治的建立起到不可磨灭的积极作用。[39]

7. 律法与福音、文化使命与福音使命平衡。圣经中所显明的真道是律法与福音平衡的真道,是文化使命与福音使命并行的真道,这也是清教徒所特别强调的。这样的真道不仅使罪人悔改得救,也能够装备他们在世界中积极地发挥文化建造的作用。如果失去这种平衡,就会使基督徒脱离圣经的真道,脱离教会的历史性根基,脱离社会的现实性需求,丧失了基督徒应有的影响社会的"光度"和"盐味"(太 5:13－16)。正如英国真理之旗出版社编辑所指出的那样:"目前盛行的神学并不能够提升社会的道德水平,遏制道德风气的败坏。无疑,原因之一就在于误解律法在恩典之约中的地位和作用。教会需要重新晓得伯顿所陈明的真理:'律法把我们送到福音的面前,使我们因信称义;福音把我们送到律法的面前,使我们调整我们的生活方式。'"[40]大溪城清教徒改革宗神学院院长周必克牧师在谈及清教徒的侍奉时指出:"清教徒传道人在讲解福音之前先讲律法,这种作法与保罗写《罗马书》前 3 章异曲同工。使徒保罗首先解释上帝的律法,使罪人在上帝面前无可推诿,使整个世

---

38 参考丛日云主编:《西方政治思想史 · 中世纪》(天津:天津人民出版社,2005 年)。

39 参考(美)约翰 · 范泰尔:《良心的自由——从清教徒到美国宪法第一修正案》,张大军译(贵州:贵州大学出版社,2011 年);(美)道格拉斯 · F. 凯利:《自由的崛起——16－18 世纪,加尔文主义和五个政府的形成》,王怡、李玉臻译(南昌:江西人民出版社,2008 年)。

40 Samuel Bolton, *The True Bounds of Christian Freedom*, p. 11.

界在上帝面前都显为有罪。清教徒并不急于督促行恶的人转离罪行，因为他们认为罪人能够这样做。清教徒相信，用律法的要求来面对罪人，圣灵会带领罪人认识到自己在上帝面前的无能，也会认识到他们需要上帝的救恩。”[41]

8. 清教徒注重恩典的教义，不管是个人的得救，还是物质生活的丰盛，都是上帝的恩典，不是靠人的善行或功德。在“救恩神学”中，清教徒神学首先强调的是“赖恩得救”，说明得救的本源唯独在于上帝的主权的白白的恩典，这也是救恩神学五大要义的总结。[42] 清教徒神学始终把救赎分为“称义”与“成圣”两个方面，《威斯敏斯德大教理问答》第 77 问清楚地阐明了“称义”与“成圣”二者的不同。“因信称义”说明称义的途径，“分别为圣”说明救恩的目的不在于个人得赎，乃在于荣耀上帝，荣耀上帝的途径就是通过圣洁的生活，见证上帝恩惠的福音。因此，清教徒神学没有以“救恩神学”为终点。华腓德在分析改革宗神学的构成原则的时候指出：“代表路德宗的就是因信称义的教义。这教义不独对路德宗是中心的教义，改革宗也以此为中心。不但如此，改革宗的教义系统中，强调保持称义要道的纯洁性，抗拒‘因信’来代替‘藉信’称义之道的倾向。路德宗注重倚靠信当作绝对的事实，加尔文主义则更深地了解到称义的主因，将信心放在上帝为救人的活动而产生的别种关系上。在仔细考虑之后，此种差异就叫我们回到每种思想的构成原则上去。但这种差异与其说是二者思想系统的具体表现，毋宁说是二者分歧的构成原则的结果。路德主义

41 周必克：《清教徒的福音侍奉》，页 23。

42 此五大要义源自《多特信条》的规定：人的全然败坏，上帝无条件的拣选，基督为选民舍命（基督救赎的有限性），上帝的恩典不可抗拒，圣徒永蒙保守。

是在信心里找到平安，这平安是由负罪之人在寻求与上帝和好的痛苦中得到的，特别是为由信心所得到的祝福而快乐。……加尔文主义也和路德主义一样热心，问这大问题：'我当作什么才可以得救？'所回答的正如路德主义一样，但并未停止在那里，而是接着追问更深一层的问题：'我得称义的那信心是从何而来？'这深远的回答使整个的心灵充满了赞美：'唯独从上帝的白白恩典而来，为要叫祂恩典的荣耀得着称赞。'由此，加尔文主义者把眼光从人及其命运，调转到上帝及其荣耀上。……"[43]

9. 清教徒在传统上把基督的国度分为权能的国度(the kingdom of power)、恩典的国度(the kingdom of grace)和荣耀的国度(the kingdom of glory)。[44] 就上帝的权能而言，祂作为三一上帝的第二个位格，全地都在祂的掌管之下，祂是全地的大君王。就上帝的恩典而言，只有蒙恩得救的人才从撒但的黑暗权势之下进入基督光明的国度，在他们今世的争战中，得蒙基督大能的保守。就上帝的荣耀而言，只有当基督再来，审判世界的时候，祂要制伏所有的仇敌。这三大国度[45]的划分并不是指不同的区域和时间，而是基督行使其王权的不同的方式。因此，要明白上帝的国度，关键是明白上帝的主权和基督的王权。这种对基督王权的强调当然最根本的是基于圣经。从历史背景来考虑，清教徒以

43 华腓德：《神学家加尔文与今日的加尔文主义》，赵中辉译，基督教改革宗翻译社出版，1984 年，页 17－18。

44 Richard A. Muller, *Dictionary of Latin and Greek Theological Terms* (Grand Rapids: Baker, 2004), pp. 259－260.

45 在《威斯敏斯德信条》中，有四处提及"国度"这个词，第 8 章第 5 条、第 23 章第 3 条、第 30 章第 2 条这三处提及"天国"(the kingdom of heaven)，第 25 章第 2 条提及"主耶稣基督的国"(the kingdom of the Lord Jesus Christ)。

基督的王权抵挡当时的两大专制势力，一是罗马天主教，一是世俗的王权。作为选民的中保，祂复活之后，升天之前，在宣布大使命的时候首先宣布祂所得到的并不是先知和祭司的职分，而是君王的权柄："天上地下所有的权柄都赐给我了"（太 28:18）。在威斯敏斯德神学中，更强调的是基督在这个世界上的王权。在信徒的生命中，基督是他们的王；在教会中，基督是教会的王；因此，真正执掌大权、掌管世界的并不是撒但，也不是各种敌基督的势力，而是教会的元首、复活的基督。另外，当我们谈及国度的时候，就会涉及末世论问题。末世论的核心是上帝的国度何时开始，在何处开始。基督的国度是既定的事实，也是不断进展，逐渐达于完全的历史过程。威斯敏斯德神学所界定的是圣约性末世论，这种末世论是积极的、乐观的末世论，因此所有签署《威斯敏斯德信条》的苏格兰牧者在末世论上都是持守后千禧年的立场，赫治、华菲德、霍志恒等老普林斯顿神学家也都是坚定的后千禧年论者。这方面，目前深受时代论前千禧年立场影响的中国教会应当用更多的精力考察历代圣徒的脚踪。

10. 纯正的教义必须落实于日常敬虔的生活中。清教徒为何注重上帝的律法？核心就在于他们追求敬虔的生活，而真正敬虔的生活绝不是自行其是的生活，而是以上帝的律法为规范的生活。加尔文在教导基督徒生活时，也常常以上帝的律法为依归。他说："唯独当我们行在上帝的律法中的时候，我们才能确信我们已被收纳为上帝的儿女。"[46]"基督

46 Calvin, *Golden Booklet of the True Christian Life*, translated by Henry J. Van Andel (Grand Rapids: Baker, 1952), p. 13.

徒当以上帝的律法衡量自己的行为，把自己隐密的心意降服于上帝的旨意之下。”[47]很多人赞叹清教徒在神学上的深刻和精确，却常常指责清教徒有律法主义的倾向。其实，他们并不了解清教徒神学的精髓。对于清教徒而言，神学并不是纯粹的学术性的活动或心智性的思辨，著名的清教徒柏肯斯把神学界定为“生活的艺术”。因此，威斯敏斯德神学把圣经的主要内容界定为两大部分，一是我们当信什么，二是上帝吩咐我们当尽什么责任，也就是我们当如何行。对于清教徒而言，最重要的不仅仅是行为，最重要的是属灵的美德。他们把属灵的美德视为“蒙恩的标记”(the marks of grace)。众所周知，天主教特别强调美德，道德神学是天主教神学很重要的一部分。很多人认为，在基督教中，道德神学一直比较薄弱。其实不然，清教徒神学有丰富的道德神学，我们甚至可以说清教徒神学就是美德神学(a theology of virtue)。特别是在《威斯敏斯德大教理问答》中，大篇幅的对律法的解析，核心就是提醒基督徒以上帝的律法为镜子，不断地揽镜自照，省察自己，不断地靠着上帝的恩典，除去自己的邪情私欲，更多地彰显来自基督的属灵的美德，在平凡的日常生活中见证基督恩惠的福音，“宣扬那召你们出黑暗、入奇妙光明者的美德”(彼前2:9)。目前的中国教会缺乏什么呢？是缺乏金钱吗？是缺乏自由的环境吗？是缺乏纯正的教导吗？是缺乏更多的神迹奇事吗？最缺乏的还是属灵的美德！

11. 以个人、家庭、教会和社会重建为目标。清教徒一方面强调原罪的影响和个人的败坏，但同时对个人的价值

---

47 Calvin, *Golden Booklet of the True Christian Life*, p. 25.

又有合乎圣经的珍视。清教徒神学对人有三重基本的看法：首先，人受造有上帝的形像，是完美的，因此，人在本质上是善的；其次，因着亚当的原罪归算在他们的身上，以及他们自身所犯的本罪的影响，人都是有罪的人；最后，藉着上帝更新的恩典，人人都能够得救得荣。正是因为这种对人公允的看法，以及他们对上帝的主权的积极信靠，对人类历史的乐观盼望，使得他们积极地投身自身的建设、家庭的建造、教会的改革和社会的重建。清教徒有清晰的天职观，他们认为上帝对自己的呼召和拯救绝不是徒然的，而是"为要叫我们行善，就是上帝所预备叫我们行的"（弗 2：10）。清教徒对"天职"或"呼召"（calling）的划分有两个方面，一是普遍性的天职和特殊性的天职。普遍性的天职就是上帝对基督徒普遍性的呼召，这一呼召就是在生活的各个领域中行事为人与蒙召的恩相称。特殊性的天职是指上帝对每个人在工作或职业上的特殊预备和引导。二是复数性的天职，也就是说基督徒的呼召并不是单一性的，而是多重性的。比如一个弟兄，他作为丈夫，就有作为丈夫的天职和责任；同时他可能成为父亲，他就有作为父亲的天职和责任；他也有可能身为人子，就有作为儿子的天职和责任。他的呼召不仅是在家庭中，也包括在教会中，在社会上。

12. 以个人敬虔和社会公义为主要价值导向。清教徒注重个人的敬虔，认为敬虔就是力量，敬虔就是幸福。清教徒生活和灵修的核心就是追求敬虔。清教徒神学的核心就是教导我们如何过一个敬虔的生活。这种敬虔是建立在真知识的基础上的，不认识自己所信的是谁，不晓得上帝的旨意，一切所谓的敬虔不过是自我虚饰的坟墓而已。因此，清教徒所提倡的敬虔是智慧性的敬虔。清教徒注重祷告、默想、禁食等各种属灵的操练，目的就在于培养敬虔的品格。清教徒之所以强调律法的作用，也是和他们对敬虔的追求有直接的关系。[48] 在《威斯敏斯德大教理问答》第97问中，精确地概括了基督徒与上帝所启示的道德律的关系："问97：对已重生的人，道德律有什么特别的用处？答：对于已经重生、归信基督之人，虽然道德律对他们已经不再是行为之约，他们既不因之称义，也不因之定罪；但是，除了与所有人共同的用处之外，道德律还有特别的用处，就在于向他们显明：因为基督为他们的益处成全了道德律，替他们承受了咒诅，所以他们对基督有何等的亏欠；由此激发他们更有感恩之心，并且更加谨守，以道德律为顺服的标准加以遵行，从而表达出感恩之心。"在追求个人虔诚生活的同时，清教徒还希望建立圣洁的教会、自由的国家，因此他们在英格兰进行了艰苦卓绝的争战，甚至背井离乡，前往当时北美这片蛮荒之地，为的就是建立一个敬畏上帝的国家。对律法的精研也使得清教徒能够修身齐家，治国安邦，受清教徒影响而建立的英国、荷兰、美国等国家，都是高度法治和自由的民主国家。[49]

早在1920年的时候，福理恩就断言："世界的未来有赖于两个伟大的清教徒国家，一是美国，一是英国。一起行动，一起为公义行动，世界就是安全的。"[50] 其实，就中国的古语来说："皇天无亲，唯德是辅。"上帝并不偏待人，凡是敬畏祂，按祂的话语去行的人都会得蒙上帝的祝福。"以耶和

48 参考 Joel R. Beeke, *Puritan Reformed Spirituality*, pp. 101 - 124.
49 此十二点概括源自王志勇《基督教圣约经学世界观原理默想录》未出版稿。
50 John Stephen Flynn, *The Influence of Puritanism*, p. 105.

华为上帝的，那国是有福的”（诗 33:12）；“耶和华啊，祢所管教、用律法所教训的人是有福的”（诗 94:12）。清教徒神学不是英国的土特产，也不是美国的专利品，清教神学是从上帝恩典的江河中涌流出来的活水。不管在哪个时代，不管在哪个地方，只要有人敬畏上帝，只要有人渴慕真道，只要有人愿意从自己做起，把上帝的圣言施行在生活的各个方面，那里就有清教主义的泉水在涌流，那里就有真理、自由、公义的花朵在四处盛开。

清教徒是信心的伟人，清教徒神学是基督教神学发展的一个巅峰，处处透露出成熟的智慧、平衡的艺术。当代欧美著名史学家巴刻（J.I. Packer）在《我们为什么需要清教徒》一文中指出：“成熟是智慧、友善、恢复力和创造性的综合。清教徒是成熟的典范；……他们都是伟大的灵魂，所侍奉的是伟大的上帝。他们富有激情却头脑清晰，发自心灵地怜悯他人；既有伟大的异象，又有实践的智慧；既是理想主义者，也是现实主义者；以目标为导向，同时讲究方法；他们具有伟大的信心、伟大的盼望，也是了不起的行道者，为他们所坚持的理想承受了巨大的苦难。”[51]清教徒神学正是在苦难的火炉中提炼出来的精金，是在荆棘丛中盛开的百合花。

苦难深重的中国所需要的不是淡化作门徒代价的廉价福音，也不是注重神迹奇事的魔术性宗教，而是注重智慧与敬虔的清教徒式神学。我们所需要的不是热衷政治的“民运神学”，也不是逃避政治的“属灵神学”，我们所需要的是清教徒式的全方位的世界观。清教徒神学是大众神学，是

51 转引自 Leland Ryken, *Worldly Saints*, x.

家庭神学，清教徒通过讲道和教理问答的方式塑造了一代又一代的人，清教徒式的神学就是中国所需要的神学。

亲爱的读者，诋毁清教徒是容易的，因为他们也是有限和有罪的人。不管是在教义上，还是在生活上，他们都有自身的局限性。比如说，在他们的神学体系中，仍然有来自古希腊和中世纪的“自然法”(the law of nature)的痕迹。[52] 但真正省察自己，效法他们的脚踪却不容易。作者修订书稿，撰写本简介时，对照清教徒的教义和生活，时时感受到罪的重负在自己身上的影响，深感灵力不足，学力不足。惟愿慈爱的天父因着祂爱子耶稣基督的缘故，悦纳、祝福这卑微的奉献，使圣徒得造就，教会得坚固。东北马梓乘先生对于本书的出版鼎力相助，上海三联书店的邱红女士为本书的修订提供了宝贵意见，在此特表感谢。

王志勇

2005 年 6 月 4 日于美国大溪城威斯敏斯德书斋

2012 年 7 月 15 日于美国弗吉尼亚雅和博心斋修订

---

52 William Haller, *The Rise of Puritanism* (New York: Harper Torchbooks, 1938), pp. 364 – 377.

第一部分

威斯敏斯德信条

导　读

《威斯敏斯德信条》是基督教神学的典范，由参加英国威斯敏斯德会议的一百多位教牧神学家，经过长达三年的讨论，于1646年12月完成，1660年得到教会公认。这一信条内容完整、精确、简洁、平衡，每个句子都经过小组的仔细斟酌和大会的公开辩论。教会史学家斯卡福评论说："在基督教信条中，就清晰性、深刻性、精确性和全面性而言，没有其他任何信条超越《威斯敏斯德信条》。"[1]这一信条在1881年的时候已经翻译为中文。[2] 目前译本是译者根据原英文直接翻译，同时参照了香港基督教文艺出版社《历代基督教信条》、台湾基督教改革宗翻译社《历代教会信条》的译本，改革宗经典出版社的唐修贤牧师提供了宝贵的修正意见。

---

1 Philip Schaff, *The Creed of Christendom* (New York: Harper & Brothers Publishers, 1877). Vol. I, p. 767.

2 B. B. Warfield, *The Works of Benjamin B. Warfield* (Grand Rapids: Baker Books, 2003). Vol. VI, p. 363.

《威斯敏斯德信条》是改革宗神学的经典性表述。信条融合了欧洲大陆基督教神学的发展，特别是1618年至1619年以反对阿米念派神学为主题的荷兰多特会议的成果，根据当时英国已经存在的各种基督教信条，以圣约神学为特色，将基督教教义优美地展现出来。

这一信条共有33章，按圣经中所启示的逻辑顺序，阐明从创造开始到最终审判为止所涉及的各个主要教义。

第一章　圣经论

贯彻宗教改革时期基督教所坚持的"唯独圣经"的原则，阐明了圣经作为基督徒信仰与行为至高准则的默示性、权威性和充分性，既反对罗马天主教高举人的传统，也反对理性主义者高举人的理性，同时也反对各种主张有新启示的极端与异端作法。

第二章　论上帝与三位一体

阐明基督教信仰的基石三一论。基督教神学既不是以巴特为首的新正统神学所主张的以基督为中心，也不是以灵恩派在其作法中所强调的以圣灵为中心，乃是以圣经中所启示三位一体的上帝为中心。

第三章　论上帝的预旨

本章的核心是预定论，预定论的目的是安慰和造就圣徒，绝不是为了满足人的好奇心，也不是合乎逻辑的需要，更不是为了消除个人的责任。因此当使徒保罗写信给以弗所的教会时，首先谈及的就是上帝的预定（弗1:5）。

第四章　论上帝的创造之工

创造论是基督教根基性教义之一，上帝是天地万物的创造者，人是上帝按照祂自己的形像造的。人的本分和幸福就在于顺服上帝的旨意，完成上帝所赐给自己的使命。

第五章　论上帝的护理之工

护理论是创造论的自然延伸，上帝是万物的创造者，是全地的大君王，万有都在上帝的掌管之下，正如耶稣基督所强调的那样："五个麻雀不是卖二分银子吗？但在上帝面前，一个也不忘记。就是你们的头发也都被数过了"（路12:6－7）。

第六章　论人的堕落、罪与刑罚

本章论及人的堕落，堕落的原因就是人的犯罪，不管是原罪，还是本罪，犯罪的根源都是人心的叛逆，集中的表现就是违背上帝的律法，而罪的结局就是死。明白这一章，才能明白罪人现在的处境。

第七章　论上帝与人所立的圣约

本章阐明上帝与人之间约的关系，一是行为之约，一是恩典之约。所有人都在行为之约的管辖下，都有责任完全顺服上帝。人在堕落之后虽然不能靠行为之约得生命，但行为之约并没有废止。基督为选民成全了行为之约的要求，救拔选民脱离律法的咒诅，使他们得以进入恩典之约。恩典之约只有一个，从伊甸园就已经开始。根据施行方式的不同，有旧约时代和新约时代之分。

第八章　论中保基督

基督是上帝与选民之间独一的中保，论基督先知、祭司与君王的三大职分、神人二性，祂不仅是教会的救主和元首，也是万有的承受者和世界的审判者。这一章可以说是经典的基督论表述。

第九章　论意志的自由

人的意志具有自由性，这是上帝造人本有的特性。阿米念派人士常常高举人的“自由意志”，把“自由意志”本身视为一个不可侵犯的概念。重要的是不能抽象地谈论个人的意志的自由，而是要具体地放在创造、堕落、救赎、成全这四个历史阶段中。

第十章　论有效的恩召

这一章论及有效恩召的对象、时间、工具、方式，以及人蒙召时的境况。特别说明了婴孩和未蒙拣选者的结局。

第十一章　论称义

这一章是基督教神学的核心教义，谈及称义的归算基于基督主动的和被动的顺服，特别强调旧约时代和新约时代的圣徒都是因信称义。

第十二章　论得儿子的名分

那些得蒙有效恩召、称义的人，也被上帝收纳为儿女，成为上帝的子民。得儿子的名分代表基督徒的身份和权柄，意味着我们在这个世界上的责任。

第十三章　论成圣

改革宗神学不仅注重称义的教义，也强调成圣的教义。生命的特征就是成长，基督徒新生命的特征就是在圣洁生活中的长进。在这一章中值得注意的是并没有直接提及“魔鬼”，因为成圣是我们个人的责任，最需要对付的并不是魔鬼，而是我们自身的邪情私欲。“各人被试探，乃是被自己的私欲牵引、诱惑的”（雅 1:14）。

第十四章　论得救的信心

信心是一种美德，是圣灵在选民心中做成的。信心并不是抽象的，而是“相信圣经中所启示的都是真实可靠的”，并且顺服上帝的诫命。

第十五章　论悔改得生

此章强调当传悔改的教义，罪人不仅应当认识到罪的危险性，更要认识到罪在上帝面前的可憎性，最终认识上帝对悔改之人的怜悯，由此才能真正产生感恩之心。最重要的还是要落实到“定意努力按照上帝的一切诫命与祂同行”。

第十六章　论善行

上帝拯救我们的目的乃是“为要叫我们行善”（弗 2:10）。改革宗神学一向注重以各样的善行传福音，荣耀上帝，造福他人。本章首先界定什么是真正的善行，然后说明了善行的来源和功用。上帝已经赐给我们信心、盼望、爱心等各样内在的美德，但我们仍然需要圣灵在我们心中继续做工，同时我们自己也有不可推卸的责任。本章也回答了未重生者能否行善的问题。

第十七章　论圣徒的坚忍

圣徒的坚忍首先在于上帝的保守，虽然圣徒也有善用各种蒙恩之道，坚忍到底的责任，但圣徒坚忍的确定性和无谬性完全在于三一上帝的救赎。中国教会曾经争论"一次得救，永远得救"(once saved, always saved)的问题。其实，正确的译法应当是"一旦得救，永远得救"。关键是要明白罪人得救最终的根本不是罪人本身的信心，乃是上帝白白的恩典。

第十八章　论蒙恩得救的确信

改革宗神学特别强调"得救的确信"，因为改革宗神学强调圣徒得蒙上帝的保守，"一旦得救，永远得救"。救恩不仅是主观的领受，更重要的是有客观的依据，也就是基督已经完成的救赎之工。得救的确信使圣徒有安慰，有力量。

第十九章　论上帝的律法

本章是律法论，非常优美、平衡。没有规矩，不成方圆，只要有人存在，就需要一定的标准和次序，律法是必要的，基督徒要采纳上帝的律法。本章把上帝的律法分为道德律、民刑律（或译为"司法律"，译为"民事律"容易与民法混淆）和礼仪律三部分。道德律是永恒不变的，礼仪律已经废止，民刑律对于我们也没有直接的约束力，但我们应当予以参照借鉴。布郎凯马在分析清教徒的神学时指出："实际上，对于清教徒而言，旧约律法中唯一没有持久性效力的就是礼仪律。"[3] 律法的用处与福音的恩典并不矛盾，而是密

3　Ralph Bronkema, *The Essence of Puritanism* (Holland: Oosterbaan & Le Cointre, 1929), p.136.

切契合。

第二十章　论基督徒的自由和良心的自由

二十一世纪的中国基督徒尤其需要从圣经的角度明白“自由”的真意。基督徒在新约之下享有更大的自由。“惟有上帝是良心的主宰”，这是一个伟大的自由宣言，任何个人以及个人所组成的组织，不管是家庭、教会，还是国家，都无权要求任何人绝对信服。基督徒的自由是上帝之下，以上帝的圣言为规范的自由，是荣耀上帝，造就他人的自由，绝不是随心所欲，无法无天的“自由”！因此，在强调自由的同时，本章也强调基督徒当顺服上帝在世上所设立的各种权柄。

第二十一章　论崇拜和安息日

这一章非常重要。在本信条中，第一章“圣经论”条目最多，有十条，然后条目最多的依次就是第三章“论上帝的预旨”，第八章“论中保基督”，第二十九章“论圣餐”，以及本章，都是八条。在崇拜方面，离开上帝所启示的旨意就会走向私意崇拜，所根据的多是个人的意见和感觉。遵守安息日是圣经所强调的，也是历代教会和圣徒所强调的，惟愿我们能够充分地认识到按照上帝的旨意遵守安息日为圣的意义。

第二十二章　论合乎律法的宣誓和许愿

宣誓和许愿是现实生活中常见的现象，基督徒既不能一味回避，也不能完全回绝，当以上帝的圣言为标准对待宣誓和许愿。

第二十三章 论国家官员

许多基督徒受异教和暴政的影响，认为政治是肮脏的，基督徒不应当从政。从圣经的启示看，国家官员也是上帝设立的，秉公执法的官员乃是上帝的忠仆，基督徒对国家也有不可推卸的责任。本章反对专制式的“政教合一”，反对国家官员直接插手教会事务；但本章所主张的“政教分离”乃是国家与教会在组织上的分离，并不是在宗教上的分离。基督教国家和官员有责任捍卫基督真道。

第二十四章 论结婚和离婚

本章所界定的是教会婚姻法，强调一男一女、一夫一妻、一生一世的婚姻关系。基督徒当珍惜婚姻，但基督徒的婚姻本身并不是绝对的，而是建立在合乎圣经的婚约的基础上，因此，奸淫、离弃等违背上帝律法和婚约的罪，也构成合法的离婚理由。本章在涉及不能结婚的姻亲等关系时，引证利未记18章为依据，可见当时制定信条的改革宗神学家并没有完全排除旧约民刑律的功用。

第二十五章 论教会

本章界定了无形教会和有形教会的概念。有真教会，就有假教会。信条显然不赞同当今世上所流行的那种不管是否宣讲真道，只求形式上统一的假合一运动，甚至明确反对罗马天主教教皇的僭越。

第二十六章 论圣徒相通

圣徒相通首先是指信徒与基督生命的合一或联合，其次是指他们彼此之间在基督里的联合。圣徒与基督的合一绝不意味着罪人就因此而具有了基督所具有的神性，也绝不意味着罪人在任何方面都与基督平等。圣徒之间的相通意味着彼此之间互相造就的责任，但绝不是实行世俗的共产主义。

第二十七章　论圣礼

本章是圣礼通论，注重强调圣礼的圣约性，也就是说圣礼是圣约的标记和印证。因此，我们既不能把圣礼视为魔术性的仪式，只要按照一定的仪式操作，就能达到一定的功用。同时，也不能小觑圣礼的功用，因为圣礼是上帝亲自设立的蒙恩之道。

第二十八章　论洗礼

很多人往往因为受洗的形式而发生争议，但对受洗的意义并不了解。因此，本章首先阐明洗礼的本质，说明洗礼是恩典之约的记号和印证，因此明确主张婴儿也当受洗。此信条认可的洗礼方式包括浸水、浇水和洒水三种。洒水有时又称"点水"。

第二十九章　论圣餐

本章有八款，是界定最详尽的一章，可见对圣餐的重视。这一章首先从正面阐明了对圣餐的正确理解，然后批判了罗马天主教圣餐观的荒谬性。圣餐的问题关键是如何理解基督的同在，本章赞同基督在圣餐中的临在，但这种临在是属灵的临在，并不是物质性或肉体性的临在。同时，这种临在也是真实的临在，唯独藉着真信心才能领受。

第三十章　论教会的劝惩

教会的劝惩也是教会的标记之一，非常重要。教会的劝惩是服事性、医治性的，核心不是惩罚，而是促使接受劝惩的人悔改。因此，凡是从个人恩怨出发而启动教会劝惩的人，未尝不是大大得罪主的。

第三十一章　论教会总会和议会

在敬畏上帝的基督教国家中，国家与教会同为上帝所设立的蒙恩之道，应当是彼此配搭的关系。但不管国家对基督教的态度如何，牧者应当无条件地尊重基督在教会中的王权，不可任凭世俗政府干预教会的事务。同时，各个地方教会之间也当有一定形式的联结。

第三十二章　论死后情况和死人复活

本章和最后一章讲末世论。本章集中阐明个人的归宿，分两种情况，一是在末日到来之前死去的人的归宿，二是在末日到来时还活着的人不会经历肉体的死亡，而是直接改变，并且论及人在复活时所得到的身体。这些方面圣经并没有详尽的启示，可见上帝的心意是让我们信靠祂的慈爱和公义，一心一意在这个世界上完成上帝交托的使命，不要对死后的状况花费时间猜测。

第三十三章　论末后的审判

在末世论的问题上，参与制定并采纳《威斯敏斯德信条》的苏格兰长老会，一直持守积极乐观的后千禧年立场，以赫治、华菲德为代表的美国普林斯顿神学家也是如此。这种立场的核心就在于相信上帝的国度虽然尚未完全，但已经大有能力地临到，必将在历史中、在地球上不断地胜过魔鬼黑暗的国度，并在耶稣基督二次再临审判世界的时候达于完全。威廉森在注释本信条时指出："我们并不主张唯独后千禧年论者或乐观性无千禧年论者才有权利称为基督徒。但我们确实相信，前千禧年论与圣经和本信条的清楚教训是很难调和的。"[4]

4 G.I. Williamson, *The Westminster Confession of Faith* (Phillipsburg: P & R Publishing, 2004), p.345.

一、论圣经

1. 自然之光和创造、护理之工，原彰显上帝的慈爱、智慧和权能，使人无可推诿（罗 2：14，15；1：19，20；诗 19：1，3；罗 1：32；2：1）；但它们并不足以将那得救所必需的对上帝及其旨意的知识给与人（林前 1：21；2：13，14）；所以主乐意多次多方将自己启示出来，向教会晓谕祂的旨意（来 1：1）；以后主为了更好地保守并传扬真理，且为了更加坚立教会，安慰教会，抵挡肉体的败坏以及撒但和世界的毒害，遂使全部启示笔之于书（箴 22：19，21；路 1：3，4；罗 15：4；太 4：4，7，10；赛 8：19－20）。因此，圣经乃为至要（提后 3：15；彼后 1：19），因为上帝从前向祂百姓启示自己旨意的这些方法，如今已经止息了（来 1：1，2）。

2. 圣经，即上帝的圣言，包括旧新约各卷书，其名称为：

旧约各卷书为：《创世记》，《出埃及记》，《利未记》，《民数记》，《申命记》；《约书亚记》，《士师记》，《路得记》，《撒母耳记上》，《撒母耳记下》，《列王纪上》，《列王纪下》，《历代志上》，《历代志下》，《以斯拉记》，《尼希米记》，《以斯帖记》，《约伯记》，《诗篇》，《箴言》，《传道书》，《雅歌》；《以赛亚书》，《耶利米书》，《耶利米哀歌》，《以西结书》，《但以理书》；《何西阿书》，《约珥书》，《阿摩司书》，《俄巴底亚书》，《约拿书》，《弥迦书》，《那鸿书》，《哈巴谷书》，《西番雅书》，《哈该书》，《撒迦利亚书》，《玛拉基书》。

新约各卷书为:《马太福音》,《马可福音》,《路加福音》,《约翰福音》;《使徒行传》;《罗马书》,《哥林多前书》,《哥林多后书》,《加拉太书》,《以弗所书》,《腓立比书》,《歌罗西书》,《帖撒罗尼迦前书》,《帖撒罗尼迦后书》,《提摩太前书》,《提摩太后书》,《提多书》,《腓利门书》,《希伯来书》,《雅各书》,《彼得前书》,《彼得后书》,《约翰一书》,《约翰二书》,《约翰三书》,《犹大书》;《启示录》。

这些书卷都是上帝所默示的,是信仰与生活的准则(路16:29,31;弗2:20;启22:18,19;提后3:16)。

3. 通常称为次经的各卷,并非出于上帝的默示,所以不属于圣经正典;因此,它们在上帝的教会中没有任何权威性,只能当作一般人的著作来看待或使用(路24:27,44;罗3:2;彼后1:21)。

4. 圣经的权威性应当受到人的信服,这权威性并不倚赖任何个人或教会的见证,而是完全在于其作者上帝,祂就是真理本身。所以,既然圣经是上帝的圣言(彼后1:19,21;提后3:16;约壹5:9;帖前2:13),我们就应当接受。

5. 我们可能受教会见证的感动和影响,因而当以高度尊重和敬畏之心珍视圣经(提前3:15)。圣经属天的性质,教义的效力,文体的庄严,各部的契合,整书的目的(就是将一切荣耀都归给上帝),人类唯一得救之道的完全展示,和其他许多无可比拟的优点,及整卷书的全备,都十足自证其为上帝的圣言;虽然如此,我们得以完全信服并确知圣经无谬的真理性和神圣的权威性,乃是由于圣灵的内在之工,祂藉着上帝的圣言，并与上帝的圣言一道在我们心里作证（约壹 2:20,27；约 16:13,14；林前 2:10,12；赛 59:21）。

6. 上帝全备的旨意，也就是关于祂自己的荣耀、人的得救、信仰和生活所必需的一切事，或已明确记载于圣经之中，或可用合理的推论，由圣经引申出必然的结论；不论是所谓的圣灵的新启示，还是人的遗传，都不得于任何时候加入圣经（提后 3:15,17；加 1:8,9；帖后 2:2）。然而，我们承认，要明白圣经中所启示的使人得救的知识，圣灵内在的光照是必不可少的（约 6:45；林前 2:9,10,12）；有若干关于敬拜上帝和教会治理的处境性细节，与人类日常生活和社会团体有相通之处，可以根据自然之光和基督徒的智慧予以规定，但总要遵照圣道的通则（林前 11:13,14；14:26,40）。

7. 圣经中所记各事本身并不都是一样明显，对各人也不都是一样清楚；然而为得救所必须知道、相信并遵行的事，在圣经此处或彼处已明载而详论，以致不仅有学识的，而且无学识的，只要正当使用通常的蒙恩之道，便都可以有充分的理解（彼后 3:16；诗 119:105,130）。

8. 希伯来文（古时上帝选民的文字）旧约，和希腊文（新约时代各国最通用的文字）新约，都是上帝直接默示的，并且其纯正因上帝特别看顾和护理而在历代得以保守，所以它们是真实可信的（太 5:18）；一切有关宗教的辩论，教会最终都当诉诸圣经（赛 8:20；徒 15:15；约 5:39,46）。但因这些原文并非为上帝的众民所通晓，而他们都有权利拥有圣经，并从中得益，而且上帝也吩咐他们存敬畏的心去诵读查考(约 5:39),所以,圣经所到之处,都应译成当地民族的方言(林前 14:6,9,11,12,24,27,28),使上帝的话充充满满地寓于各地选民的心中,他们就可以用上帝所悦纳的方式去敬拜祂(西 3:16),并可以因圣经所赐的忍耐和安慰得着盼望(罗 15:4)。

9. 解释圣经无谬的规则,就是以经解经;因此,当我们对圣经某处真实和完全的意义发生疑问时(该意义只有一个,不是多种),就当查考其他更清楚的经文来加以解明(彼后 1:20,21;徒 15:15-16)。

10. 要判断一切宗教的争论,审查一切教会会议的决议、古代作者的意见、世人的教训和私人的经历,我们所当依据的最高裁决者,除在圣经中说话的圣灵以外,别无其他(太 22:29,31;弗 2:20;徒 28:25)。

二、论上帝与三位一体

1. 上帝是独一的(申 6:4;林前 8:4,6),又真又活的(帖前 1:9;耶 10:10);在其存有和完全上都是无限的(伯 11:7-9;26:14),祂是至纯之灵(约 4:24),无形(提前 1:17)、无体(申 4:15-16;约 4:24;路 24:39)、无欲(徒 14:11,15)、不变(雅 1:17;玛 3:6)、无量(王上 8:27;耶 23:23-24)、永恒(诗 90:2;提前 1:17)、不可测度(诗 145:3)、全能(创 17:1;启 4:8)、全智(罗 16:27)、至圣(赛 6:3;启 4:8)、最自由(诗 115:3)、最绝对(出 3:14),祂按照自己不改变和至公义的旨意行作万事(弗 1:11),为的是荣耀祂自己(箴 16:4;罗 11:36);祂极其慈爱(约壹 4:8,16),有恩典,有怜悯，恒久忍耐，有丰盛的慈爱和信实，赦免罪孽、过犯和罪恶（出 34:6－7）；祂赏赐那殷勤寻求祂的（来 11:6）；同时，祂的审判最为公义，极其可畏（尼 9:32－33）；祂憎恶诸恶（诗 5:5－6），断不以有罪的为无罪（鸿 1:2－3；出 34:7）。

2. 上帝拥有一切生命（约 5:26）、荣耀（徒 7:2）、良善（诗 119:68）和福分（提前 6:15；罗 9:5），是本乎祂自身，出于祂自身；唯独祂本乎自己，并对自己而言是完全自足的，不需要祂所造的任何受造之物（徒 17:24,25），也不从他们得任何荣耀（伯 22:2－3），却只在他们里面，藉着他们，向着他们，并在他们身上彰显祂自己的荣耀；祂是万有唯一的根源，万有都是本于祂，依靠祂，归于祂（罗 11:36）；祂对他们有至高的统治权，藉着他们，为着他们，并在他们身上行祂自己所喜悦的事（启 4:11；提前 6:15；但 4:25,35）。万有在祂眼前都是赤露敞开的（来 4:13）；祂的知识是无限的，无谬的，不依赖任何受造物（罗 11:33－34；诗 147:5）；所以，对于祂而言，没有什么事物是偶然的，或不确定的（徒 15:18；结 11:5）。祂的一切预旨、作为和命令都是至圣的（诗 145:17；罗 7:12）。天使、世人和其他所有受造之物，都当照祂按其美意所吩咐的敬拜祂，侍奉祂，顺服祂（启 5:12－14）。

3. 在上帝的统一性中有三个位格，即圣父上帝，圣子上帝，圣灵上帝，同实质、同权能、同永恒（约壹 5:7；太 3:16－17；28:19；林后 13:14）。圣父既非受生，亦非被发出；圣子在永恒中为父所生（约 1:14,18）；圣灵在永恒中由父和子发出（约 15:26；加 4:6）。

三、论上帝的预旨

1. 在永恒中，上帝就按其至圣至智的旨意，自由不变地预定了将来所要发生的一切（弗1:11；罗11:33；来6:17；罗9:15,18）；祂虽如此预定一切，并不因此就是罪恶的创始者（雅1:13,17；约壹1:5），也不强迫受造者的意志，而且诸次因的自由运行或因果关系也并未废去，反而得以确立（徒2:23；太17:12；徒4:27－28；约19:11；箴16:33）。

2. 虽然上帝预知在各种可能出现的条件下所能发生的一切（徒15:18；撒上23:11,12；太11:21,23），但祂预定某事，并非因祂预知将来此事如何，或预知此事在这些条件下必然发生（罗9:11,13,16,18）。

3. 按照上帝的预旨，为了彰显祂的荣耀，上帝预定有些人和天使得永生（提前5:21；太25:41），而其余的人或天使则受永死（罗9:22－23；弗1:5－6；箴16:4）。

4. 那些如此被预定的天使和人，都有个别性的计划，并且是不变的；数目确定，无可增减（提后2:19；约13:18）。

5. 那些在创世以前被预定得永生的人，是上帝按其永恒、不变的目的，及其隐密的计划和祂自己的美意，在基督里拣选了他们，使他们得永远的荣耀（弗1:4,9,11；罗8:30；提后1:9；帖前5:9）。这预定唯独是由于上帝白白的恩典和慈爱，并非因为祂预见到他们的信心或善行，或是预见到他们在信心与善行上的坚忍，或是预见到人身上其他任何因素，这些都不是上帝预定他们的条件或原因（罗 9:11，13，16；弗 1:4，9）；这一切都是为了使祂荣耀的恩典得着称赞（弗 1:6，12）。

6. 上帝既预定选民得荣耀，便以其永恒的、完全自由的目的，预定了一切达此目的的途径（彼前 1:2；弗 1:4－5；2:10；帖后 2:13）。所以凡被拣选的，虽在亚当里堕落了，却被基督救赎（帖前 5:9－10；多 2:14）。由祂的灵按时运行，有效地呼召他们归信基督；他们称义，得儿子的名分，成圣（罗 8:30；弗 1:5；帖后 2:13），并藉着信，得蒙祂的权能保守，以致得救（彼前 1:5）。除选民以外，无人被基督救赎，蒙有效的恩召，称义，得儿子的名分，成圣，并得救（约 17:9；罗 8:28－39；约 6:64－65；8:47；10:26；约壹 2:19）。

7. 至于其余的人，上帝照着祂那不可测度的计划，施与或保留怜悯，为了使祂对受造者的主权，得着荣耀，祂随己意撇弃他们，并预定他们因自己的罪受羞辱，遭忿怒，使祂荣耀的公义得着称赞（太 11:25－26；罗 9:17－18，21－22；提后 2:19－20；犹 4；彼前 2:8）。

8. 预定论是一崇高的奥秘，因此，对于这一教义我们要特别谨慎，并留心处理（罗 9:20；11:33；申 29:29），好叫那些听从上帝在圣经中所启示的旨意的人，可以从他们有效蒙召的确实性，得以确信自己在永世中蒙了拣选（彼后 1:10）。如此，这教义就为那些真心顺服福音的人，提供了赞美、敬畏和爱慕上帝（弗 1:6；罗 11:33），谦卑自己、殷勤做工的根据，并使他们得着丰富的慰藉（罗 11:5－6，20；彼后 1:10;罗 8:33;路 10:20)。

四、论上帝的创造之工

1. 圣父、圣子、圣灵三一上帝为彰显祂永能、智慧和慈爱的荣耀,就按祂自己的美意,在起初,于六日之内,从无中创造了世界及其中有形无形的万物,并且都是很好的(创1;来 11:3;西 1:16;徒 17:24)。

2. 上帝在造了其他一切受造物之后,就造男造女(创1:27),有理性和不灭的灵魂(创 2:7;传 12:7;路 23:43;太10:28),按祂自己的形像赋与知识、公义和真圣洁(创 1:26;西 3:10;弗 4:24),并把上帝的律法写在他们心里(罗 2:14－15),使他们有能力遵行上帝的律法(传 7:29);但是,上帝让他们有自由按自己的意志行事,而这意志又是可变的,因此便有干犯律法的可能性(创 3:6;传 7:29)。除这写在他们心里的律法以外,他们还领受了不可吃分别善恶树上的果子的禁令;他们遵守这命令时,就与上帝相交,以此为乐(创 2:17;3:8－11,23),又对万物拥有治理的权柄(创1:26,28)。

五、论上帝的护理之工

1. 上帝是万物的伟大创造者,祂维系(来 1:3)、引导、管理、统治一切活物、运动和事物(但 4:34－35;诗 135:6;徒 17:25－26,28;伯 38－41),从最大的到最小的(太 10:29－31)。这是藉着祂至智至圣的护理(箴 15:3;诗 104:24;145:17),照着祂无谬的预知(徒 15:18;诗 94:8－11),并按着祂自己旨意所定的自由、不变的计划(弗 1:11;诗

33:10,11),好使祂自己的智慧、权能、公义、慈爱和怜悯的荣耀得着称赞(赛 63:14;弗 3:10;罗 9:17;创 45:7;诗 145:7)。

2. 上帝是始因,虽然万事万物都毫无变更、准确无误地照着上帝的预知和预旨而发生(徒 2:23),但是祂用同一护理,统管它们,使它们或是必然地,或是自由地,或是有条件地照着诸次因发生(创 8:22;耶 31:35;出 21:13;申 19:5;王上 22:28,34;赛 10:6－7)。

3. 上帝在祂通常的护理中使用各种工具(徒 27:31,44;赛 55:10－11;何 2:21－22),但祂也可自由而行,随己意不用工具(何 1:7;太 4:4;伯 34:10),超乎工具(罗 4:19－21),反乎工具(王下 6:6;但 3:27)。

4. 上帝在其护理之中,彰显极大的权能、难测的智慧和无穷的恩慈,甚至及于第一次堕落,以及天使和人的其他所有罪恶(罗 11:32－34;撒下 24:1;代上 21:1;王上 22:22,23;代上 10:4,13－14;徒 2:23,4:27)。这不只是有上帝的许可(徒 14:16),也是有上帝极其智慧和极有权能的约束(诗 76:10;王下 19:28)。祂支配并掌管它们,以多种方式成就祂自己圣洁的目的(创 50:20;赛 10:6－7,12)。尽管如此,受造物的罪纯粹是从他们自身,而不是从上帝发出的。上帝是至圣至义的,绝不是、也不能是罪恶的创始者或赞同者(雅 1:13,14,17;约壹 2:16;诗 50:21)。

5. 至智、至公、至慈的上帝,常常让祂的儿女一时经历各种试探,和他们自己内心的败坏,其目的或是要因他们过去的罪恶而责罚他们，或是要向他们显露他们的败坏所具有的隐藏的力量，以及他们内心的诡诈，好使他们谦卑下来（代下 32:25－26，31；撒下 24:1）；另外，也是为了要使他们更加与祂亲近，常常依靠祂来扶持，并且更加警醒地防备将来一切犯罪的机会；同时还有其他各种公义和圣洁的目的（林后 12:7－9；诗 73，77:10－12；可 14:66－72；约 21:15－17）。

6. 上帝是公义的审判者，祂对那些不虔不义的人，因他们过去所犯的罪而使他们眼瞎心硬（罗 1:24，26，28；11:7－8），不仅不施恩给他们，使他们的悟性由此得蒙光照，从而使他们的心软化（申 29:4），而且有时祂也收回他们已得的恩赐（太 13:12；25:29），并任凭他们遭遇各样他们的败坏用于犯罪的事（申 2:30；王下 8:12－13）；同时，把他们交付于他们自己的私欲、世界的引诱和撒但的权势（诗 81:11－12；帖后 2:10－12）；因此，甚至那些上帝用以使别人心里软化的工具，在他们身上反倒使他们刚硬自己（出 7:3；8:15，32；代下 2:15，16；赛 8:14；彼前 2:7，8；赛 6:9－10；徒 28:26，27）。

7. 上帝的护理之工不仅遍及所有的受造之物，更是以特别的方式及于祂的教会；上帝藉其护理之工眷顾祂的教会，叫万事互相效力，使教会得益处（提前 4:10；摩 9:8，9；罗 8:28；赛 43:3－5，14）。

六、论人的堕落、罪与刑罚

1. 我们的始祖被撒但的诡计和试探诱惑，吃禁果而犯罪（创 3:13；林后 11:3）。上帝既特意要使祂自己得荣耀，就按自己所喜悦的，照祂智慧和圣洁的计划，准许这罪的发生(罗 11:32)。

2. 因为犯了这罪，他们就从原初的公义以及与上帝的相交中堕落了(创 3:6-8;传 7:29;罗 3:23)，并且因此而死在罪中(创 2:17;弗 2:1)，身体、灵魂的各个部分和一切能力都被玷污了(多 1:15;创 6:5;耶 17:9;罗 3:10-18)。

3. 他们既是全人类的根源(创 1:27-28;2:16-17;徒 17:26;罗 5:12,15-19;林前 15:21-22,49)，这罪债就归算在他们藉常例而生的后裔身上，而罪中之死，以及败坏的性情，也同样传递给了他们(诗 51:5;创 5:3;伯 14:4;15:14)。

4. 这原初的败坏使我们完全不倾向善，也完全不能行善，而是与善完全对立(罗 5:6;7:18;8:7;西 1:21)，一心倾向邪恶(创 6:5;8:21;罗 3:10-12)，由此就生出一切本罪(雅 1:14-15;弗 2:2-3;太 15:19)。

5. 这种人性的败坏，今生仍然残留在那些已经重生的人里面(约壹 1:8,10;罗 7:14,17,18,23;雅 3:2;箴 20:9;传 7:20);虽然藉着基督得蒙赦免，受到克制，可是它本身及其一切所欲仍然是真正的罪(罗 7:5,7,8,25;加 5:17)。

6. 每个罪，无论是原罪，还是本罪，都违背上帝公义的律法(约壹 3:4)，与上帝的律法完全对立，在其本性上就将罪债归在罪人身上(罗 2:15;3:9,19)，他因此当受上帝的忿怒(弗 2:3)、律法的咒诅(加 3:10)，并已经处于其中，因而处于死亡以及其他各样愁苦的辖制之下(罗 6:23),既有灵魂的(弗 4:18),也有身体的(罗 8:20;哀 3:39),既有现世的,也有永世的(太 25:41;帖后 1:9)。

七、论上帝与人所立的圣约

1. 上帝是人的创造者,人是有理性的受造物。所以,人本当顺服上帝。但是,上帝与受造者之间的不同如此巨大,所以,人绝不能享有祂,以此为自己的福分和赏赐,除非是上帝自愿俯就,这俯就乃是祂乐意用立约的方式显明的(赛 40:13-17;伯 9:32,33;撒上 2:25;诗 100:2-3;113:5,6;伯 22:2,3;35:7-8;路 17:10;徒 17:24,25)。

2. 上帝与人所设立的第一个圣约是行为之约(加 3:12),以完全和个人的顺服为条件(创 2:17;加 3:10),将生命应许给亚当,以及在他里面的后裔(罗 5:12-20;10:5)。

3. 因着堕落的缘故,人完全没有能力使自己靠那约得生命,主按祂自己的美意设立第二个圣约(加 3:21;罗 3:20-21;8:3;创 3:15;赛 42:6),通称为恩典之约。在此约中,上帝藉着耶稣基督白白地向罪人提出了生命和救恩的邀约,吩咐他们归信耶稣,从而得救(可 16:15-16;约 3:16;罗 10:6,9;加 3:11),并应许将圣灵赐给一切预定得永生的人,使他们愿意并且能够相信(结 36:26,27;约 6:44-45)。

4. 这恩典之约在圣经中常称为遗命,是指立遗命者耶稣基督的死,又指由遗命所留下的永远的产业及其所附属的一切(来9:15-17;7:22;路22:20;林前11:25)。

5. 此约在律法时代和福音时代(林后3:6-9)的施行各有不同:在律法时代,它藉着应许、预言、献祭、割礼和逾越节的羔羊,以及其他交付犹太人的预表和蒙恩之道而施行。它们都预表基督要来(来8-10;罗4:11;西2:11,12;林前5:7)。在那时代,藉着圣灵的运行,它们足以有效地使选民因相信所应许的弥赛亚而受训诲,得建立(林前10:1-4;来11:13;约8:56)。选民藉着弥赛亚而有完全的赦罪和永远的救恩。此约称为旧约(加3:7-9,14)。

6. 在福音时代,当所预表的实体——基督(西2:17)显现的时候,施行此约的蒙恩之道乃是圣道的传扬、施洗与圣餐这两个圣礼(太28:19,20;林前11:23-25);这些蒙恩之道虽然为数较少,并且施行起来比较质朴,少有外表的荣耀,但是在它们里面,此约对万民,连犹太人带外邦人(太28:19;弗2:15-19),显明得更丰富,更清晰,有更大的属灵果效(来12:22-28;耶31:33-34)。此约称为新约(路22:20)。所以,并不是有两个实质不同的恩典之约,而是同一个恩典之约,只是在不同时代,施行的方式不同(加3:14,16;徒15:11;罗3:21-23,30;诗32:1;罗4:3,6,16,17,23,24;来13:8)。

八、论中保基督

1. 上帝按祂自己所喜悦的,照祂永恒的旨意,选定祂的独生子主耶稣作上帝与人之间唯一的中保(赛42:1;彼前1:19,20;约3:16;提前2:5);为先知(徒3:22)、祭司(来

5:5,6)和君王(诗 2:6;路 1:33),教会的头和救主(弗 5:23),万有的承受者(来 1:2),和世界的审判者(徒 17:31);上帝在永世中便将一群人赐给祂作后裔(约 17:6;诗 22:30;赛 53:10),而且到了时候,就使他们由祂得赎、蒙召、称义、成圣并得荣(提前 2:6;赛 55:4-5;林前 1:30)。

2. 上帝的儿子,三一上帝的第二位格,既是真实和永恒的上帝,与父同质同等,当日期满足的时候,就取了人性(约 1:1,14;约壹 5:20;腓 2:6;加 4:4)及其诸般基本的禀赋和共有的软弱,只是没有罪(来 2:14,16-17;4:15);所以,祂因着圣灵的权能,在童贞女马利亚腹中成孕,从她取了人性(路 1:27,31,35;加 4:4)。因此,完整无缺却又截然不同的神人二性,不可分离地联合在一个位格里面,不相转化,不相混合,不相混乱(路 1:35;西 2:9;罗 9:5;彼前 3:18;提前 3:16)。这一位格是真正的上帝,也是真正的人,但只是一个基督,是上帝与人之间唯一的中保(罗 1:3,4;提前 2:5)。

3. 主耶稣,在祂这样与神性联合的人性中,分别为圣,无限量地受圣灵的恩膏(诗 45:7;约 3:34);所积蓄的一切智慧和知识,都在祂里面藏着(西 2:3),父按祂自己的美意,叫一切的丰盛都居住在祂里面(西 1:19);好叫祂既是圣洁,无邪恶,无玷污,满有恩典和真理(来 7:26;约 1:14),便可全备地执行中保的职分(徒 10:38;来 12:24;7:22)。这职分不是祂自己取来的,乃是蒙父所召(来 5:4-5),父将一切权柄和审判的权力都交在祂手里,并且授权祂去执行(约 5:22,27;太 28:18;徒 2:36)。

4. 主耶稣完全甘心乐意地担任这一职分(诗 40:7,8;来 10:5－10;约 10:18;腓 2:8);为要执行这一职分,祂就生在律法之下(加 4:4),并确确实实地成全了律法(太 3:15;5:17);灵魂遭受极大的伤痛(太 26:37,38;路 22:44;太 27:46),身体遭受极大的苦楚(太 26,27),被钉死在十字架上(腓 2:8);被埋葬,处于死亡的权势之下,但未见朽坏(徒 2:23,24,27;13:37;罗 6:9)。第三天,祂从死里复活(林前 15:3,4),带着原来受苦的身体(约 20:25,27),也带着这身体升到天上,坐在祂父的右边(可 16:19),为我们代求(罗 8:34;来 9:24;7:25),并在世界的末了还要再来审判世人和天使(罗 14:9－10;徒 1:11;10:42;太 13:40－42;犹 6;彼后 2:4)。

5. 主耶稣把祂那完全的顺服和自我的牺牲,藉永恒之灵,一次献给上帝,便完全满足了祂父的公义(罗 5:19;来 9:14,16;10:14;弗 5:2;罗 3:25,26),不仅为父所赐给祂的人买赎了和好,也买赎了天国永恒的基业(但 9:24,26;西 1:19,20;弗 1:11,14;约 17:2;来 9:12,15)。

6. 虽然救赎之工要到基督道成肉身以后才由祂施行,但是其功德、果效和惠益,却都在那些应许、预表和献祭中,而且藉着它们,从世界起始以来便在历代之中赐给选民了;这些应许、预表和献祭,启示并表明祂就是那击碎蛇头的女人的后裔,是那自世界之初就被杀的羔羊,因为祂昨日、今日、一直到永远都是一样的(加 4:4－5;创 3:15;启 13:8;来 13:8)。

7. 基督按照其神人二性，执行祂中保的工作；每一性都作其分内的事（来 9:14；彼前 3:18）；但因其位格的同一性，所以圣经有时将同一位格中那属于此一性的归之于另一性（徒 20:28；约 3:13；约壹 3:16）。

8. 对于那些已由祂代为买回了救赎的人，基督肯定会有效地将此救赎实施并传递给他们（约 6:37，39；10:15，16）。基督为他们代求（约壹 2:1，2；罗 8:34），在道中并藉着道向他们启示救恩的奥秘（约 15:13，15；弗 1:7－9；约 17:6）；用祂的灵有效地说服他们相信并顺服；用祂的道和灵管理他们的心（约 14:16；17:17；来 12:2；林后 4:13；罗 8:9，14；15:18－19）；用祂的全能全智胜过他们一切的仇敌，而且所用的方式完全与祂奇妙莫测的旨意相合（诗 110:1；林前 15:25，26；玛 4:2，3；西 2:15）。

九、论意志的自由

1. 上帝造人，把自由赋与人的意志。这意志既不受强迫，不得不行善作恶，也不会因其本质而必然如此去行（太 17:12；雅 1:14；申 30:19）。

2. 人处于无罪状态时，有自由和能力立志行事，得蒙上帝的悦纳（传 7:29；创 1:26）；但人本是可变的，所以他也可以从那状态中堕落（创 2:16－17；3:6）。

3. 因堕落在罪中，要行与得救相关的属灵的善事，人在意志上已经完全丧失了这样的能力（罗 5:6；8:7；约 15:5）；因此，他既是属乎血气的人，心中完全与善为敌（罗 3:

10,12),死在罪中(弗 2:1,5;西 2:13),所以,他无法靠他自己的力量归正,也不能预备自己归正(约 6:44,65;林前 2:14;弗 2:2－5;多 3:3－5)。

4. 当上帝使罪人归正,把他迁移到恩典中时,就将他从与生俱来的罪的捆绑中释放出来(西 1:13;约 8:34,36);又唯独藉着上帝的恩典,使他能够自由地立志并行属灵的善事(腓 2:13;罗 6:18,22);然而,因他身上仍有残余的败坏,所以,他既不完全,也不专一立志行善,还会定志行恶(加 5:17;罗 7:15,18,19,21,23)。

5. 唯独在得荣的状态中,上帝使人的意志达于完全、不变的自由。那时,人的意志才能完全向善(弗 4:13;来 12:23;约壹 3:2;犹 24)。

十、论有效的恩召

1. 上帝唯独对那些预定得永生的人,才按祂自己的美意,在祂所指定和悦纳的时候,藉着祂的道和灵(帖后 2:13,14;林后 3:3,6),有效地呼召他们(罗 8:30;11:7;弗 1:10－11),使他们脱离与生俱来的罪和死亡,藉着耶稣基督而蒙恩得救(罗 8:2;弗 2:1－5;提后 1:9－10)。在属灵与得救的事上,上帝光照他们的心思意念,使他们得以明白关乎上帝的事(徒 26:18;林前 2:10,12;弗 1:17－18);除掉他们的石心,赐给他们一颗肉心(结 36:26);使他们的意志更新而变化,用祂的大能使他们定意向善(结 11:19;腓 2:13;申 30:6;结 36:27),并有效地吸引他们归向耶稣基督(弗 1:19;约 6:44－45)。因着祂的恩典,他们的归向是甘心乐意的，因此，他们来到基督那里，是完全自愿的（歌 1:4；诗 110:3；约 6:37；罗 6:16－18）。

2. 这种有效的恩召唯独出于上帝白白和特别的恩典，而绝非由于祂在人里面预见到什么（提后 1:9；多 3:4－5；弗 2:4－5，8－9；罗 9:11）；在这一过程中，人是完全被动的，直到圣灵使他活过来，并更新他（林前 2:14；罗 8:7；弗 2:5），他才有能力回应这一呼召，领受其中所显明的恩典（约 6:37；结 36:27；约 5:25）。

3. 那蒙拣选的婴孩，若死于幼年，则藉着基督由圣灵重生得救了（比较路 18:15－16；徒 2:38，39；约 3:3，5；约壹 5:12；罗 8:9）。圣灵何时何地，用何种方式做工，都是随祂自己的美意（约 3:8）。其他未能在外部蒙受所传之道呼召的选民，也是如此（约壹 5:12；徒 4:12）。

4. 其他未蒙拣选者，虽然被所传之道呼召（太 22:14），也多少有圣灵的普通运行（太 7:22；13:20－21；来 6:4－5），可是他们从未真正地来到基督面前，因此不能得救（约 6:64－66；8:24）；不信服基督教的人，更不能靠其他任何方式得救，不管他们是何等殷勤地按照理性之光和他们所信奉的宗教的律法生活（徒 4:12；约 14:6；弗 2:12；约 4:22；17:3）；若主张他们可以得救，乃是非常有害、极其邪恶和可憎的（约贰 9－11；林前 16:22；加 1:6－8）。

十一、论称义

1. 凡蒙上帝有效恩召的人，上帝也白白地使他们称义

（罗 8:30;3:24）。祂称他们为义，不是将义灌输给他们，而是赦免他们的罪，算他们为义，接纳他们为义人；不是因为在他们里面所成的，也不是因为他们所行的，而是唯独因着基督的缘故；也不是将信心本身，相信的行动，或任何其他福音所要求的顺服，归算为他们的义，而是将基督的顺服和补赎归算为他们的义（罗 4:5－8;林后 5:19,21;罗 3:22,24,25,27,28;多 3:5,7;弗 1:7;耶 23:6;林前 1:30－31;罗 5:17－19）。他们藉着信心领受并依靠祂和祂的义。这信心也不是出于他们自己，乃是上帝所赐的（徒 10:43;加 2:16;腓 3:9;徒 13:38,39;弗 2:7－8）。

2. 如此领受并依靠基督和祂的义的信心，乃是称义的唯一工具（约 1:12;罗 3:28;5:1）；然而这信心在称义的人里面并不是单独存在的，而是始终有其他与蒙恩相伴的美德，不是死的信心，而是使人生发仁爱的信心（雅 2:17,22,26;加 5:6）。

3. 基督以其顺服和受死，完全清偿了一切称义之人的罪债，并适当地、真实地、完全地代替他们补偿了祂父的公义（罗 5:8－10,19;提前 2:5,6;来 10:10,14;但 9:24,26;赛 53:4－6,10－12）。然而，圣父既为他们而赐下基督（罗 8:32），而基督的顺服和补偿也被接受为他们的（林后 5:21;太 3:17;弗 5:2），并且二者都是白白赐与的，并非因为他们本身有什么功德，所以，他们的称义是唯独出于上帝白白的恩典（罗 3:24;弗 1:7）；目的就是叫上帝严格的公义和丰富的恩典在罪人的称义上得着荣耀（罗 3:26;弗 2:7）。

4. 上帝从创立世界以前便预定了使所有的选民称义(加 3:8;彼前 1:2,19,20;罗 8:30)。在时候满足的时候,基督就为他们的罪死了,又为他们的称义复活了(加 4:4;提前 2:6;罗 4:25);虽然如此,但是,他们一直要到上帝所预定的时候,圣灵确实将基督的救赎施行在他们身上,才得以称义(西 1:21－22;加 2:16;多 3:4－7)。

5. 上帝继续赦免已经称义之人的罪(太 6:12;约壹 1:7,9;2:1－2)。虽然他们永不会从称义的地位堕落(路 22:32;约 10:28;来 10:14),但他们可能因犯罪而遭受上帝如父一般的不悦,致使祂的脸不再光照他们,直到他们谦卑自己,承认罪行,恳求饶恕,更新他们的信心和悔改(诗 89:31－33;51:7－12;32:5;太 26:75;林前 11:30,32;路 1:20)。

6. 旧约时代的信徒称义,与新约时代的信徒称义,在这些方面都是一样的(加 3:9,13－14;罗 4:22－24;来 13:8)。

十二、论得儿子的名分

上帝在祂的独生子耶稣基督里,并为了祂,将得儿子的名分的恩典,赐给一切称义的人(弗 1:5);他们由此而被归入上帝的子民之列,得享上帝儿女的自由和特权(加 4:4－5;罗 8:17;约 1:12);有祂的名字写在他们身上(耶 14:9;林后 6:18;启 3:12);领受那赐人儿子名分的圣灵(罗 8:15);可以坦然无惧地来到施恩宝座前(弗 3:12;罗 5:2);得以呼叫阿爸,父(加 4:6);并蒙受祂如父一般的怜恤(诗 103:13),保护(箴 14:26),供给(太 6:30,32;彼前 5:7),管教(来

12:6);永不被撇弃(哀 3:13),且受印记,等候得赎的日子来到(弗 4:30),并承受应许(来 6:12),为上帝永远救恩的后嗣(彼前 1:3,4;来 1:14)。

十三、论成圣

1. 凡蒙有效恩召并重生的人,既在他们里面有了新心和新灵被创造出来,便藉着基督的受死和复活(林前 6:11;徒 20:32;腓 3:10;罗 6:5,6),并祂那在他们里面内住的圣道和圣灵(约 17:17;弗 5:26;帖后 2:13),进一步达到个人实际的成圣;罪在我们整个身上的权势被除灭(罗 6:6,14),此身的各种邪情私欲也逐渐被削弱、治死(加 5:24;罗 8:13),并且他们在一切与救恩相伴的美德上(西 1:11;弗 3:16－19)越来越清醒、坚固,以致能够行出真正的圣洁,因为人非圣洁就不能见主(林后 7:1;来 12:14)。

2. 这种成圣贯穿全人(帖 5:23),但在今生仍不完全;人的各个部分之中仍然存有某些败坏的残余(约壹 1:10;罗 7:18,23;腓 3:12),从而使情欲与圣灵相争,圣灵和情欲相争,这种争战无法和解,持续一生(加 5:17;彼前 2:11)。

3. 在这一争战中,虽然败坏的残余或许一时得胜(罗 7:23),可是,靠着基督那使人成圣的圣灵所不断供给的力量,重生的部分终必得胜(罗 6:14;约壹 5:4;弗 4:15,16);因此,圣徒会在恩典中长进(彼后 3:18;林后 3:18),因着敬畏上帝,得以逐渐成圣(林后 7:1)。

十四、论得救的信心

1. 信心的美德是基督之灵在选民心里的工作(林后 4:13;弗 1:17－19;2:8),使他们能够信而得救(来 10:39),这信心通常是藉着听道而成(罗 10:14,17),并藉着圣道的宣讲、圣礼的施行和祈祷,得以增加并巩固(彼前 2:2;徒 20:32;罗 4:11;路 17:5;罗 1:16,17)。

2. 藉此信心,基督徒相信圣经中所启示的都是真实可靠的,因为是上帝自己的权威在其中说话(约 4:42;帖前 2:13;约壹 5:10;徒 24:14)。基督徒也藉此信心照着每段经文所说的分别去行:服从其命令(罗 16:26),因其警戒而战兢(赛 66:2),并坚信上帝对今世来生的应许(来 11:13;提前 4:8)。但得救信心的主要活动,还在于使人因恩典之约,唯独接受并信赖基督,以至于称义,成圣,并承受永生(约 1:12;徒 16:31;加 2:20;徒 15:11)。

3. 这信心是程度不同,强弱不一的(来 5:13－14;罗 4:19－20;太 6:30;8:10);它可能屡次多方受打击,被削弱,但终必得胜(路 22:31－32;弗 6:16;约壹 5:4－5);它在许多人里面不断成长,直到藉着那为我们信心创始成终的基督(来 12:2),获得充足的确信(来 6:11,12;10:22;西 2:2)。

十五、论悔改得生

1. 悔改得生乃是一种由上帝赐给、使人得救的美德(亚 12:10;徒 11:18)。所以凡传福音的人,不但要传信基督的道理,也要传悔改的教义(路 24:47;可 1:15;徒 20:

21)。

2. 罪人藉着悔改不仅意识到自己的罪的危险性，也意识到自己的罪是污秽可憎的，并且是与上帝圣洁的本性和公义的律法相悖的；而且，罪人一旦领悟到上帝在基督里对悔改之人的怜悯，便为自己的罪恶忧伤，恨恶己罪，以致于离弃一切罪恶，归向上帝（结 18:30－31；36:31；赛 30:22；诗 51:4；耶 31:18－19；珥 2:12－13；摩 5:15；诗 119:128；林后 7:71），定意努力按照上帝的一切诫命与祂同行（诗 119:6，59，106；路 1:6；王下 23:25）。

3. 虽然不当把悔改视为对罪的补偿，也不能把悔改视为赦罪的缘由（结 36:31－32；16:61－63），因这是出于上帝在基督里白白赐予的恩典（何 14:2，4；罗 3:24；弗 1:7）；但是，对于众罪人而言，悔改乃是必不可少的，罪人若不悔改，就不要期望罪得赦免（路 13:3，5；徒 17:30－31）。

4. 小罪不能因其小，而不该被定罪（罗 6:23；5:12；太 12:36）；同样，大罪不能因其大，而使真心悔改之人沉沦（赛 55:7；罗 8:1；赛 1:16，18）。

5. 人不应满足于一般性的悔改，针对每一件具体的罪而努力悔改，乃是人人当尽的本分（诗 19:13；路 19:8；提前 1:13，15）。

6. 人人当向上帝私自认罪，祈求赦免（诗 51:4，5，7，9，14；32:5，6），这样，便可藉此并因着离弃其罪恶而得蒙怜悯

（箴 28:13；约壹 1:9）；照样，凡使弟兄或基督教会的名誉受玷污的，应当自愿地私下或公开认罪，并为此罪忧伤，向那被冒犯的人表明悔改（雅 5:16；路 17:3－4；书 7:19；诗 51），如是后者便应与之和好，并用爱心接纳他（林后 2:8）。

十六、论善行

1. 上帝在圣经中所吩咐的那些事才是善行（弥 6:8；罗 12:2；来 13:21）；没有圣经根据，只是因着人盲目的热心，或者假借善良的意图而由人所虚构的事，并非善行（太 15:9；赛 29:13；彼前 1:18；罗 10:2；约 16:2；撒上 15:21－23）。

2. 这些顺服上帝诫命而行的善行，乃是真实和活泼的信心的果子和证据（雅 2:18，22）；信徒藉此表示感恩（诗 116:12，13；彼前 2:9），坚固确信（约壹 2:3，5；彼后 1:5－10），造就弟兄（林后 9:2；太 5:16），尊荣福音（多 2:5，9－12；提前 6:1），堵住敌人的口（彼前 2:15），并荣耀上帝（彼前 2:12；腓 1:11；约 15:8），他们原是祂的工作，在基督耶稣里造成的，为要叫他们行善（弗 2:10），以便有成圣的果子，最终得享永生（罗 6:22）。

3. 他们行善的能力绝不是出于自己，乃是完全从基督的灵来的（约 15:4－5；结 36:26－27）。他们为能行善，除已经领受的诸般美德[5]之外，还需要圣灵的实际影响在他们里面运行，叫他们立志行善，成就祂的美意（腓 2:13；4:13；林后 3:5）；然而他们不可因此而疏懒，以为除非受圣灵

5 此处原文为 the graces，以前的中文译本都译为“恩典”，此处当译为“美德”。

特别的感动，就无须履行任何责任；反倒应当殷勤，将上帝在他们里面的美德再如火挑旺起来（腓 2:12；来 6:11－12；彼后 1:3，5，10，11；赛 64:7；提后 1:6；徒 26:6，7；犹 20，21）。

4. 就是那些在顺服上达到今生可能达到的最高境界的人，也不能立分外的功德，并且他们所行的不会过于上帝所要求的，反而大大亏欠当尽的本分（路 17:10；尼 13:22；伯 9:2，3；加 5:17）。

5. 我们不能靠最善的行为从上帝手中赚得赦罪或永生，因为这种行为与将来的荣耀极不相称，而且我们与上帝之间又有天壤之别，我们藉着这些善行，既不能使祂受益，也不能补偿我们以前的罪债（罗 3:20；4:2，4，6；弗 2:8，9；多 3:5－7；罗 8:18；诗 16:2；伯 22:2－3；35:7－8）。我们尽力而为，只不过是尽当尽的本分，我们乃是无用的仆人（路 17:10）。它们之所以是善的，是因从上帝的灵发出（加 5:22－23）。同时它们又因是由我们行出来，便被诸多软弱和瑕疵玷污，并与之混杂，以致经不起上帝严厉的审判（赛 64:6；加 5:17；罗 7:15，18；诗 143:2；130:3）。

6. 然而，信徒本人既因基督得蒙悦纳，他们的善行也在祂里面得蒙悦纳（弗 1:6；彼前 2:5；出 28:38；创 4:4；来 11:4），这不是说，他们今生在上帝眼中完全没有瑕疵，无可指摘了（伯 9:20；诗 143:2）；乃是说，祂既在祂儿子里看待他们，便乐意对那虽不免有许多软弱和瑕疵，却是出于至诚的善行，欣然接纳并予以报答（来 13:20，21；林后 8:12；来

6:10;太 25:21,23)。

7. 虽然未重生者所行的事,或许本身是上帝所吩咐的,并且对己对人都有益处(王下 10:30－31;王上 21:27,29;腓 1:15,16,18);但是,因为它们不是从那被信心洁净了的心发出来的(创 4:3－5;来 11:4,6),也不是按照上帝的话用正当的方式行出来的(林前 13:3;赛 1:12),又不是为了荣耀上帝这正当的目的(太 6:2,5,16);所以它们都是有罪的,既不能取悦上帝,也不能使人配受上帝的恩典(该 2:14;多 1:15;摩 5:21,22;何 1:4;罗 9:16;多 3:5)。可是人若忽略它们,便更是有罪,更为上帝所不喜悦(诗 14:4;36:3;伯 21:14,15;太 25:41－45;23:23)。

十七、论圣徒的坚忍

1. 凡蒙上帝在祂爱子里接纳,由祂的灵有效呼召并成圣的人,既不能完全,也不能最终从恩典的地位堕落;反而会在这恩典的地位中坚忍到底,永远得救(腓 1:6;彼后 1:10;约 10:28－29;约壹 3:9;彼前 1:5,9)。

2. 圣徒的这种坚忍,并非依赖他们自己的自由意志,乃是依赖从父上帝白白和永不更改的爱所发出的拣选预旨的不变性(提后 2:18,19;耶 31:3),依赖耶稣基督功德和代求的效力(来 10:10,14;13:20－21;9:12－15;罗 8:33－39;约 17:11,24;路 22:32;来 7:25),圣灵的同在和上帝在他们里面播撒的种子(约 14:16－17;约壹 2:27;3:9),以及恩典之约的性质(耶 32:40)。圣徒坚忍的确定性和无谬性就是由此而生(约 10:28;帖后 3:3;约壹 2:19)。

3. 然而圣徒因撒但和世界的试探，在他们里面败坏的残余，以及对保守他们坚忍的蒙恩之道的忽略，都可能使他们落入大罪之中（太 26:70,72,74），并一时留在其中（诗 51 标题；51:14），因而惹动上帝的不悦（赛 64:5,7,9；撒下 11:27），叫圣灵担忧（弗 4:30），失去诸多的美德和慰藉（诗 51:8,10,12；启 2:4；歌 5:2－4,6），心里变得刚硬（赛 63:17；可 6:52；16:14），使良心受伤（诗 32:3－4；51:8），使别人受损，诽谤亵渎（撒下 12:14），自取今生的审判（诗 89:31－32；林前 11:32）。

十八、论蒙恩得救的确信

1. 凡假冒为善和其他未重生的人，虽然可能凭虚假的希望和属肉体的自负，自己欺骗自己，以为已经得蒙上帝恩宠，处于得救的状态（伯 8:13－14；弥 3:11；申 29:19；约 8:41）；其实他们的这种希望必要落空（太 7:22－23）；但那真信主耶稣，诚心爱祂，努力用无亏的良心行在祂面前的人，在今生便可以确知自己已处于恩典之中（约壹 2:3；3:14,18,19,21,24；5:13），并且可以欢欢喜喜地盼望上帝的荣耀，这盼望永不会使他们羞愧（罗 5:2,5）。

2. 这种确信不是一种空幻的臆测与或然的信念，基于可能有错误的希望（来 6:11,19），而是一种由信所生的无谬的确信，基于上帝拯救人的可靠应许（来 6:17－18），基于心中存有得到这些应许所必有的诸般美德的明证（彼后 1:4,5,10,11；约壹 2:3；3:14；林后 1:12），又基于赐人儿子名分的圣灵与我们的心同证我们是上帝的儿女（罗 8:15－16）。这圣灵是我们得基业的凭据，我们受了祂的印记，等候得赎的日子来到(弗 1:13,14;4:30;林后 1:21－22)。

3. 此无谬的确信并不是信心的本质,一个真信徒在获得这种确信以前,他也许要长久等待,并与许多困难奋斗(约壹 5:13;赛 50:10;可 9:24;诗 88;77:1－12);可是,因为圣灵使他能够知道上帝所白白赐给他的事,所以他可由于善用普通的蒙恩之道,毋须特别的启示,就获得这种确信(林前 2:12;约壹 4:13;来 6:11,12;弗 3:17－19)。因此人人都当更加殷勤,使自己更加确知是真正蒙召和被选的(彼后 1:10);如此,在自己心中便可以加增圣灵里的平安与喜乐,对上帝的爱慕与感谢,并在顺服的本分上力上加力,在顺服中甘心乐意,这些都是此种确信当生的果子(罗 5:1,2,5;14:17;15:13;弗 1:3－4;诗 4:6－7;119:32)。但这确信绝不会使人趋于懈怠放荡(约壹 2:1－2;罗 6:1－2;多 2:11－12,14;林后 7:1;罗 8:1,12;约壹 3:2－3;诗 130:4;约壹 1:6－7)。

4. 虽然真信徒得救的确信可能因各种缘故而被动摇、减弱或间断,如因忽略保守它,或因坠入某种损害良心、叫圣灵担忧的罪,或因遇着某种猝然和猛烈的试探,或因上帝收回祂面上的光,甚至让敬畏祂的人也行在黑暗中,而无光照(歌 5:2,3,6;诗 51:8,12,14;弗 4:30－31;诗 77:1－10;太 26:69－72;诗 31:22;88;赛 50:10);但他们绝不会完全缺乏上帝所赐的生命的种子与信心的生命,也绝不会完全缺乏对基督和弟兄的爱,以及诚实之心和尽本分的良心。藉着这一切,圣灵可以在适当的时候恢复这种确信(约壹 3:9;路 22:32;伯 13:15;诗 73:15;51:8,12;赛 50:10)。同时，藉着这一切，他们可以获得帮助，而不至于绝望（弥 7:7－9；耶 32:40；赛 54:7－10；诗 22:1;88）。

十九、论上帝的律法

1. 上帝赐给亚当一个律法，作为行为之约，用来约束他与他的后裔亲自、完全、严格、持续地顺服；上帝应许他遵守得生，警告他违背受死；并赐给他守此律法的能力（创 1:26 同 2:17；罗 2:14－15；10:5；5:12,19；加 3:10,12；传 7:29；伯 28:28）。

2. 在他堕落之后，此律法仍是公义的完美标准，并由上帝在西奈山颁布于十条诫命之中，刻在两块石版上（雅 1:25；2:8,10－12；罗 13:8－9；申 5:32；10:4；出 34:1）；前面四诫包含我们对上帝当尽的本分，其余六诫包含我们对人当尽的本分（太 22:37－40；出 20:3－18）。

3. 除这通称为道德律的十诫以外，上帝按祂自己的美意，把礼仪律赐给以色列人这未成年的教会，其中有若干预表性的律例，一部分是为崇拜之用，以预表基督和祂的美德、作为、苦难和惠益（来 9,10:1；加 4:1－3；西 2:17）；一部分揭示关乎道德责任的各种教训（林前 5:7；林后 6:17；犹 23）。这些礼仪律在新约时代都被废止了（西 2:14,16,17；但 9:27；弗 2:15,16）。

4. 上帝把以色列人视为一个国家，也赐给他们各种司法性的律例。这些司法律已与那百姓的国家一同期满终止了，除了为着普遍性平衡所要求的以外，现在不再有任何约束力(出 21,22:1－29;创 49:10 同彼前 2:13－14;太 5:17,38,39;林前 9:8－10)。

5. 道德律永远对所有人都有约束力,不管是已经称义的人,还是其他人,都当顺服(罗 13:8－10;弗 6:2;约壹 2:3,4,7－8);这不仅仅是因其所含的内容,也是因其颁布者造物主上帝的权威(雅 2:10,11)。这种责任,基督在福音中,不仅丝毫没有废掉,反而更加强了(太 5:17－19;雅 2:8;罗 3:31)。

6. 虽然真信徒不在作为行为之约的律法之下,藉此称义或被定罪(罗 6:14;加 2:16;3:13;4:4－5;徒 13:39;罗 8:1),可是这律法对于他们以及别人都大有用处,因它作为人生的标准,既将上帝的旨意和人生的责任指示他们,便指导并约束他们照着去行(罗 7:12,22,25;诗 119:4－6;林前 7:19;加 5:14,16,18－23);并且他们藉此既发现他们的本性、心思和生活的罪污(罗 7:7;3:20),就因自省而对自己的罪更加认识、羞愧、恨恶(雅 1:23－25;罗 7:9,14,24),并更清楚地知道他们对基督及其完美顺服的需要(加 3:24;罗 7:24,25;8:3,4)。同样,律法对重生者也有用处,因它禁止犯罪,抑制他们的败坏(雅 2:11;诗 119:101,104,128);而它的警戒表明他们虽然免于律法所警戒的咒诅,但他们当知,自己因所犯的罪也应受什么惩罚,为罪今生要受什么痛苦(拉 9:13,14;诗 89:30－34)。照样,律法的应许向他们表明上帝是嘉许顺服的,虽然律法不被看作行为之约,可用来使人配得祝福(加 2:16;路 17:10),但他们若遵守律法就可以期望得到什么样的祝福(利 26:1－14;林后

6:16;弗 6:2,3;诗 37:11 同太 5:5;诗 19:11);所以人因律法鼓励行善、胁止作恶而扬善弃恶,并不表明他是在律法之下,而不在恩典之下(罗 6:12,14;彼前 3:8－12;诗 34:12－16;来 12:28－29)。

7. 以上所述律法的用处与福音的恩典不仅不相矛盾,反而是密切契合(加 3:21);基督的灵降服人的意志,并使人的意志能够自由自在、甘心乐意地去行上帝要人去行的事,也就是上帝在律法中所显明的旨意(结 36:27;来 8:10;耶 31:33)。

二十、论基督徒的自由和良心的自由

1. 基督为在福音之下的信徒所买赎的自由包括:免除罪债的自由,脱离上帝定罪之震怒的自由,和脱离道德律的咒诅的自由(多 2:14;帖前 1:10;加 3:13);又把他们从现今这邪恶的世界、撒但的捆绑、罪恶的辖制(加 1:4;西 1:13;徒 26:18;罗 6:14)、苦难的煎熬、死亡的毒钩、坟墓得胜的权势和永远的定罪中,救拔出来(罗 8:28;诗 119:71;林前 15:54－57;罗 8:1);也使他们得以自由地进到上帝面前(罗 5:1－2),顺服祂,不是由于奴仆的恐惧,而是由于孩子一般的爱和乐意的心(罗 8:14－15;约壹 4:18)。这一切也属于在律法之下的信徒(加 3:9,14);但在新约之下,基督徒的自由更加扩大,他们从犹太人教会所服从的礼仪律的轭下得了自由(加 4:1－3,6,7;5:1;徒 15:10－11),并且能更加坦然无惧地进到施恩宝座前(来 4:14,16;10:19－22),与上帝自由之灵有交通,这交通比在律法之下的信徒通常所享有的更丰盛(约 7:38－39;林后 3:13,17,18)。

2. 惟有上帝是良心的主宰(雅 4:12;罗 14:4),并使良心在信仰或崇拜上,不受那些违背圣经或在圣经之外的属人的各种主义与命令的束缚(徒 4:19;5:29;林前 7:23;太 23:8－10;林后 1:24;太 15:9)。所以人若本乎良心相信此类主义,或遵守此类命令,乃是背叛良心的真自由(西 2:20－23;加 1:10;5:1;2:4－5);若要求人毫无保留地相信,绝对地、盲目地服从,这乃是毁灭人良心和理性的自由(罗 10:17;14:23;赛 8:20;徒 17:11;约 4:22;何 5:11;启 13:12,16,17;耶 8:9)。

3. 凡假借基督徒自由之名犯罪纵欲的,乃是破坏基督徒自由的真谛;因为主叫我们从仇敌手中被救出来,是为要叫我们终身在祂面前坦然无惧地用圣洁公义事奉祂(加 5:13;彼前 2:16;彼后 2:19;约 8:34;路 1:74－75)。

4. 并且因为上帝的意思不是要叫祂所设立的权柄与基督为我们所买赎的自由互相毁坏,而是使二者互相维持,彼此保守;所以,凡假借基督徒自由之名反对国家或教会的任何合乎律法的权柄,或其行使的人,都是抗拒上帝的命令(太 12:25;彼前 2:13－15;罗 13:1－8;来 13:17)。凡人所发表的意见,或支持的行为,若违背自然之光,或违反基督教关于信仰、崇拜或品行的已知原则,或违反敬虔的实意,以及凡在其本身性质上,或在其发表和提倡的方式上,有损基督在教会中所设立的和平与秩序的荒谬意见和行为,都可以根据教会的审查,和国家官员的权柄(申 13:6－12;罗 13:3,4;约贰 10,11;拉 7:23－28;启 17:12,16,17;尼 13:15,17,21,22,25,30;王下 23:5,6,9,20,21;代下 34:33;

15:12,13,16;但 3:29;提前 2:2;赛 49:23;亚 13:2,3),予以传唤,令其做出解释,受到合法的制裁(罗 1:32;林前 5:1,5,11,13;约贰 10,11;帖后 3:14;提前 6:3－5;多 1:10,11,13;3:10;太 18:15－17;提前 1:19,20;启 2:2,14－15,20;3:9)。

二十一、论崇拜和安息日

1. 自然之光显明有一位上帝,祂是万有的主宰,对万物有至高的主权;祂本为善,并善待万物;所以人当尽心、尽性、尽力地敬畏、爱慕、赞美、求告、信赖、服事祂(罗 1:20;徒 17:24;诗 119:68;耶 10:7;诗 31:23;18:3;罗 10:12;诗 62:8;书 24:14;可 12:33)。但敬拜真上帝唯一蒙悦纳的方法乃是由祂自己设立的,并限于祂自己所启示的旨意,因此我们不可按照人的想象和设计,或撒但的建议,使用任何有形的代表物或圣经所未吩咐的其他任何方法(申 12:32;太 15:9;徒 17:25;太 4:9－10;申 4:15－20;出 20:4－6;西 2:23),去敬拜祂。

2. 崇拜应归于上帝父、子、圣灵;并且唯独归于祂(太 4:10;约 5:23;林后 13:14),而不可归给天使、圣徒或其他任何受造之物(西 2:18;启 19:10;罗 1:25);并且自从人堕落以来,只可藉着一位中保敬拜上帝;基督之外,别无中保(约 14:6;提前 2:5;弗 2:18;西 3:17)。

3. 感恩的祈祷是崇拜的一个特别部分(腓 4:6),是上帝向万人所吩咐的(诗 65:2);为要祈祷蒙悦纳,必须奉圣子的名(约 14:13,14;彼前 2:5),藉圣灵的帮助(罗 8:26),

照上帝的旨意(约壹 5:14),用悟性、敬畏、谦卑、热忱、信心、爱心和恒心去求(诗 47:7;传 5:1－2;来 12:28;创 18:27;雅 5:16;1:6－7;可 11:24;太 6:12,14－15;西 4:2;弗 6:18);若出声祈祷,当用人明白的言语(林前 14:14)。

4. 我们祈求,是为合乎圣经之事(约壹 5:14),是为现在和将来活在世上的人(提前 2:1－2;约 17:20;撒下 7:29;得 4:12);但不可为死人祈祷(撒下 12:21－23;路 16:25－26;启 14:13),也不可为那些明明犯了致于死的罪的人祈祷(约壹 5:16)。

5. 存虔诚敬畏之心诵读圣经(徒 15:21;启 1:3),讲道纯正(提后 4:2),用悟性、信心和敬畏顺服上帝而认真听道(雅 1:22;徒 10:33;太 13:19;来 4:2;赛 66:2),心被恩感,歌唱诗篇(西 3:16;弗 5:19;雅 5:13),以及正当举行和按理领受基督所设立的圣礼,都是宗教崇拜正常的一部分(太 28:19;林前 11:23－29;徒 2:42)。此外,宗教的宣誓(申 6:13;尼 10:29),许愿(赛 19:21;传 5:4－5),在特殊时节下严肃的禁食(珥 2:12;斯 4:16;太 9:15;林前 7:5),和感恩(诗 107;斯 9:22),都要各按其时,以圣洁敬虔的方式举行(来 12:28)。

6. 如今在福音时代,无论是祈祷,或是崇拜的其他部分,既不限于任何地方和任何方向,也不因举行的地方或面对的方向而更蒙悦纳(约 4:21);但要用心灵和诚实(约 4:23－24),随处敬拜上帝(玛 1:11;提前 2:8);每日(太 6:11)在个人家庭中(耶 10:25;申 6:6－7;伯 1:5;撒下 6:18,20;

彼前 3:7;徒 10:2),独自在隐密处,都要如此行(太 6:6;弗 6:18);照样,在公共集会中,更要严肃地敬拜上帝;当上帝藉着祂的圣言或护理招聚公共聚会时,不可漠不关心,或故意忽略,或停止聚会(赛 56:6－7;来 10:25;箴 1:20－21,24;8:34;徒 13:42;路 4:16;徒 2:42)。

7. 一般而言,把适当的时间分别出来敬拜上帝,乃是自然之理;同样,上帝在圣经中用一种积极的、道德的、永久的诫命,特别指定七日的一日为安息日,要万世万代的人都向祂遵守此日为圣日(出 20:8,10,11;赛 56:2－4,6,7)。这圣日从世界的起头到基督的复活,都是一周的末一日;从基督的复活起,改为一周的第一日(创 2:2,3;林前 16:1－2;徒 20:7),在圣经中称为主日(启 1:10),而且要持守它作为基督徒的安息日,直到世界的末了(出 20:8,10;太 5:17－18)。

8. 人人都当向主遵守这安息日为圣,要适当预备自己的心灵,提前调整日常事务,然后不仅要整日停止自己的工作及有关属世职务和娱乐的言谈与思想,守圣安息日(出 20:8,16;23,25,26,29,30;31:15－17;赛 58:13;尼 13:15－19,21－22),而且要用全部时间,或同众人,或在私下,举行礼拜,并尽本分行必要和慈善的事(赛 58:13;太 12:1－13)。

二十二、论合乎律法的宣誓和许愿

1. 合乎律法的宣誓是崇拜的一部分(申 10:20),即在必要的时候,宣誓者严肃地呼吁上帝,为他所讲述或承诺的事作见证,并按照他宣誓的真伪对他施行审判(出 20:7;利 19:12;林后 1:23;代下 6:22－23)。

2. 惟有上帝的名才是人应当用来宣誓的，应用时当存完全圣洁的敬畏之心(申 6:13)；所以，人若用那荣耀和可畏的名虚空地或轻率地宣誓，或用别的名宣誓，都是有罪的，可憎恶的(出 20:7；耶 5:7；太 5:34，37；雅 5:12)。然而，不论是在旧约圣经还是在新约圣经中，在严肃的场合和重要的事件上，宣誓都是上帝的圣言所认可的(来 6:16；林后 1:23；赛 65:16)；这样，在这类事件上，合乎圣经的权威所规定的合乎圣经的宣誓也应当予以遵行(王上 8:31；尼 13:25；拉 10:5)。

3. 凡宣誓者，都要正当地考虑此严肃行为的庄重性，并且只宣誓他完全相信真实无疑的事(出 20:7；耶 4:2)。任何人不应起誓把自己束缚于任何事上，除非那事是善良和公义的，是他如此相信的，并且是他能够而且决心实行的(创 24:2，3，5，6，8，9)。然而在关于善良和公义的事上，若拒绝合乎圣经之权威所命令的宣誓，那便是罪(民 5:19，21；尼 5:12；出 22:7－11)。

4. 宣誓应照简明普通的字义，不可用模棱两可的双关语，或内心有所保留意思的字句(耶 4:2；诗 24:4)。宣誓不能迫人犯罪；但在非属犯罪之事上所作的宣誓，虽有损于己，也得遵守实践(撒上 25:22，32－34；诗 15:4)；纵使向异端者或不信者所作的宣誓，也不可背弃(结 17:16，18－19；书 9:18－19；撒下 21:1)。

5. 许愿与带承诺的宣誓性质相同，当用同样的敬虔之心许愿，并用同样的真诚去遵守(赛 19:21；传 5:4－6；诗

61:8;66:13－14)。

6. 人不可向任何受造者许愿,只可向上帝许愿(诗 76:11;耶 44:25－26)。若要所许的愿蒙悦纳,就当甘心乐意,出于信心,并明白所包含的本分,为求对已经领受的慈爱表示感谢,或为求获得我们所要的而许愿;由此,我们对须尽的本分,或对与这些本分有关的事,应当更加严格地约束自己(申 23:21－23;诗 50:14;创 28:20－22;撒上 1:11;诗 66:13,14;132:2－5)。

7. 人不可许愿去行圣经所禁戒的,或阻止圣经所命令的本分,或行他力量所不及的,以及那未从上帝应许得着能力去实行的(徒 23:12,14;可 6:26;民 30:5,8,12,13)。这样看来,罗马天主教修道者终生独身,自甘贫穷,和服从教规的许愿,决非更高的完全程度,而是迷信和犯罪的罗网,凡是基督徒,不可自陷于其中(太 19:11,12;林前 7:2,9;弗 4:28;彼前 4:2;林前 7:23)。

二十三、论国家官员

1. 上帝是至高的主和全世界的王,祂在自己之下设立国家官员治理人民,是为了祂自己的荣耀和公众的利益,因此赋与他们佩剑的权柄,用以保护并鼓励行善的,处罚作恶的(罗 13:1－4;彼前 2:13－14)。

2. 基督徒若被委任接受并执行国家官员的公职,乃是合乎圣经的(箴 8:15－16;罗 13:1,2,4);他们在按照各个国家健全的法律执行公职时,应当特别维持虔敬、公正与和平(诗 2:10－12;提前 2:2;诗 82:3－4;撒下 23:3;彼前 2:13),同样,为此目的,如今在新约之下,他们可以合乎律法地从事公义和必须的战争(路 3:14;罗 13:4;太 8:9－10;徒 10:1－2;启 17:14,16)。

3. 国家官员不可僭取讲道,施行圣礼,或执掌天国钥匙之权(代下 26:18;太 16:19;18:17;林前 12:28－29;弗 4:11－12;林前 4:1－2;罗 10:15;来 5:4);然而他却有权,也是他的本分,维持教会的合一与和平,保守上帝真理的纯洁和完整,压制一切亵渎和异端,阻止或改革崇拜和法规的一切弊端,并正当地确立、执行和遵守上帝的典章(赛 49:23;诗 122:9;拉 7:23－28;利 24:16;申 13:5,6,12;王下 18:4;代上 13:1－9;王下 23:1－26;代下 34:33;15:12－13)。为求促进这些目的,他有权召集教会会议,列席其间,并使所规定的合乎上帝的意旨(代下 19:8－11;29;30;太 2:4－5)。[6]

---

6 美国长老会(Presbyterian Church in the United States of America,简称 PCUSA,1789 年开始在费城召开第一次总会)和美洲长老会(Presbyterian Church of America,简称 PCA,1973 年开始在亚拉巴马州伯明翰市召集第一次总会)版修改如下:"三、国家官员不可僭取讲道与施行圣礼(代下 26:18),或执掌天国钥匙之权(太 16:19;18:17;林前 12:28－29;弗 4:11－12;林前 4:1－2;罗 10:15;来 5:4),亦不可丝毫干涉关乎信仰之事(约 18:36;玛 2:7;徒 5:29)。然而国家官员如同保育之父一般,有责任保护我们同一个主的教会,不偏待任何一个宗派,以使众教会人员均可享受那完全的、无限制的、无条件的宗教自由,去履行他们神圣本分的各方面,不受威胁或暴力侵扰(赛 49:23)。并且,耶稣基督在祂的教会中既已规定了通常的治理和惩治,他们有权利按照自己的信念而自愿作某一宗派的会友,任何国家的法律都不可加以干涉或阻碍(诗 105:15;徒 18:14－15)。国家官员当保护所有人的身体和名誉,使人不致因宗教不同或不信宗教,而遭受别人侮辱、暴力、咒骂和伤害;又当制定法规,使宗教和教会的集会得以举行,不被骚扰(撒下 23:3;提前 2:1－2;罗 13:4)。"

4. 人民当为国家官员祈祷(提前 2:1-2),尊敬他们的人格(彼前 2:17),给他们纳税(罗 13:6-7),服从他们合乎律法的命令,为良心的缘故服从他们的权威(罗 13:5;多 3:1)。不信宗教或宗教差异,并不废止国家官员正当和合乎圣经的权威,也不解除人民对他们的顺服(彼前 2:13,14,16);这种顺服,教会人员也是不能免的(罗 13:1;王上 2:35;徒 25:9-11;彼后 2:1,10,11;犹 8-11)。教皇在他们领土之内对他们或他们的任何人民都没有任何统治权或管辖权,尤其不能因着把他们判为异端者,或假托任何名义而剥夺他们的土地或生命(帖后 2:4;启 13:15-17)。

二十四、论结婚和离婚

1. 婚姻只存在于一个男人和一个女人之间;若同一时期一个男人有一个以上的妻子,或一个女人有一个以上的丈夫,都是不符合圣经的(创 2:24;太 19:5,6;箴 2:17)。

2. 婚姻制度的设立是为着夫妻之间彼此帮助(创 2:18),以合法的方式生养众多,增加教会的圣洁后裔(玛 2:15),并防止淫乱不洁之事(林前 7:2,9)。

3. 凡能按自己的判断表示同意的各种人都可结婚(来 13:4;提前 4:3;林前 7:36-38;创 24:57-58)。但基督徒的本分是只当在主里面结婚(林前 7:39)。所以,凡信奉真正改革派宗教的,不应与不信的、天主教的或其他敬拜偶像的结婚;敬虔者也不可与罪恶昭彰的或持守可诅异端的人同负婚姻之轭(创 34:14;出 34:16;申 7:3,4;王上 11:4;尼 13:25-27;玛 2:11-12;林后 6:14)。

4. 不可在圣经所禁止的血族或姻族的亲属等内结婚(利 18;林前 5:1;摩 2:7);此等乱伦的婚姻,决不能因人为的法律,或双方同意,就变为合乎圣经,而作为夫妻同居(可 6:18;利 18:24－28)。男人不可娶妻子之至近的亲属;女人亦不可嫁丈夫至近的亲属,正如男女不可嫁娶自己至近的亲属一样(利 20:19－21)。

5. 人在订立婚约之后犯奸淫,若在结婚之前被发觉,无辜者一方解除婚约,乃是正当的(太 1:18－20)。人在结婚之后犯奸淫,无辜者一方可提出离婚(太 5:31－32),并于离婚之后另外嫁娶,把犯罪者看为如同死了一般,乃是合乎圣经的(太 19:9;罗 7:2,3)。

6. 虽然人的败坏老是寻找理由,不正当地将上帝在婚姻中所配合的分开,但是只有当人犯了奸淫,或是故意离弃而无法由教会或国家官员挽救时,才有充分理由解除婚约(太 19:8－9;林前 7:15;太 19:6)。离婚应当遵照程序公开进行,而不可任凭当事人随己意自断其事(申 24:1－4)。

二十五、论教会

1. 无形的大公教会或普世教会由过去、现在和未来在教会的元首基督之下所召集的合而为一的全体选民构成;这教会是主的新妇、身体,是祂那充满万有的丰盈(弗 1:10,22,23;5:23,27,32;西 1:18)。

2. 有形的教会,在福音之下也是大公的、普世的(不像从前在律法之下仅限于一个国家),包括全世界一切信奉真宗教的人(林前 1:2;12:12－13;诗 2:8;启 7:9;罗 15:9－12),和他们的儿女(林前 7:14;徒 2:39;结 16:20,21;罗 11:16;创 3:15;17:7);这教会是主耶稣基督的国(太 13:47;赛 9:7)、上帝的家(弗 2:19;3:15)。按照常例,教会之外,别无拯救(徒 2:47)。

3. 基督将牧职、圣言和上帝的蒙恩之道赐给这大公和有形的教会,以便在今生直至世界的末了召集并成全圣徒;又照所应许的,藉着亲自临在和圣灵,使它们生效(林前 12:28;弗 4:11－13;太 28:19,20;赛 59:21)。

4. 此大公教会有时比较显明,有时比较隐蔽(罗 11:3－4;启 12:6,14)。作为这一大公教会肢体的各个教会的纯正程度,乃是照其所信奉所教训的福音真理,所执行的蒙恩之道,所举行的公共崇拜的纯正程度而定(启 2,3;林前 5:6－7)。

5. 世上最纯正的教会也难免有混杂和错谬(林前 13:12;启 2,3;太 13:24－30,47);有些教会是如此地堕落,显然不再是基督的教会,而成为撒但的会堂(启 18:2;罗 11:18－22)。虽然如此,在地上总是有照着上帝的旨意崇拜祂的教会(太 16:18;诗 72:17;102:28;太 28:19,20)。

6. 除主耶稣基督以外,教会再没有别的元首(西 1:18;弗 1:22);因此,罗马天主教的教皇在任何意义上都不是教会的元首,而是那敌基督者、大罪人和沉沦之子,是那在教会中高抬自己,反对基督和一切称为上帝的事(太 23:8－

10;帖后 2:3,4,8,9;启 13:6)。

二十六、论圣徒相通

1. 凡藉着耶稣基督的灵,又藉着信,与那作他们头的耶稣基督联合的圣徒,便在祂的美德、受苦、受死、复活和荣耀中一同有分(约壹 1:3;弗 3:16－19;约 1:16;弗 2:5－6;腓 3:10;罗 6:5－6;提后 2:12);并且他们既在爱里彼此联合,便分享彼此的恩赐和美德(弗 4:15－16;林前 12:7;3:21－23;西 2:19),并担负公私的责任,互使身灵同得益处(帖前 5:11,14;罗 1:11,12,14;约壹 3:16－18;加 6:10)。

2. 圣徒因着信仰宣告,有责任在敬拜上帝的事上,维持圣洁的团契和交通,并举行其他属灵的服事,以求彼此互相造就(来 10:24,25;徒 2:42,46;赛 2:3;林前 11:20);当照着各人的能力和需要,将身外之物彼此互助。这种圣徒相通,要照上帝所赐的机会达于各处一切求告主耶稣之名的人(徒 2:44－45;约壹 3:17;林后 8:9;徒 11:29－30)。

3. 圣徒与基督的这种交通绝不是分享基督的神性,或在任何方面与祂平等。若如此主张,乃是不虔敬、亵渎上帝的(西 1:18－19;林前 8:6;赛 42:8;提前 6:15,16;诗 45:7;来 1:8－9)。圣徒之间彼此相通也不是夺取或侵犯各人对其动产和地产所拥有的凭证或所有权(出 20:15;弗 4:28;徒 5:4)。

二十七、论圣礼

1. 圣礼是恩典之约的圣洁标记和印证(罗 4:11;创

17:7,10),由上帝亲自设立(太 28:19;林前 11:23),代表基督及其恩惠,并证实我们与祂有分(林前 10:16;11:25－26;加 3:17);圣礼也将属教会的人与世上其他的人明显划分(罗 15:8;出 12:48;创 34:14),并严肃地要求他们在基督里照着上帝的圣言服事祂(罗 6:3－4;林前 10:16,21)。

2. 在每一圣礼中,在标记和其所表征者之间,都有一种属灵的关系,或圣礼上的联合;因此,二者名称和功效可以彼此相归(创 17:10;太 26:27－28;多 3:5)。

3. 在施行得宜的圣礼中,藉此圣礼所展示的恩典,并不是由圣礼本身的什么权能赋与的;圣礼的功效也不依赖施行者的虔诚或心意(罗 2:28－29;彼前 3:21),而是依赖圣灵的运行(太 3:11;林前 12:13)和设立圣礼的道,因为这道不仅吩咐人举行圣礼,而且应许赐恩惠给配领受的人(太 26:27,28;28:19－20)。

4. 我们的主基督在福音中所设立的圣礼只有两个,即洗礼和圣餐;它们除由合乎圣经按立的牧师施行以外,任何人不得施行(太 28:19;林前 11:20,23;4:1;来 5:4)。

5. 旧约的圣礼对属灵之事所表征的,在实质上是与新约的圣礼所表征的相同(林前 10:1－4)。

二十八、论洗礼

1. 洗礼是由耶稣基督设立的新约圣礼(太 28:19),不仅是为严肃地接纳受洗者进入有形的教会(林前 12:13),

而且对他乃是一种记号和印证，以表明恩典之约（罗 4:11 同西 2:11 - 12），与基督的联合（加 3:27；罗 6:5），重生（多 3:5），罪得赦免（可 1:4），和他藉着耶稣基督将自己奉献给上帝，行事为人有新生的样式（罗 6:3 - 4）；基督亲自指定这圣礼应在教会中继续，直到世界的末了（太 28:19 - 20）。

2. 此圣礼所用的外表物质为水，藉此受洗者由合乎圣经蒙召的牧师，奉父、子、圣灵的名施洗（太 3:11；约 1:33；太 28:19,20）。

3. 将受洗者浸入水中并非必要；浇水或洒水于受洗者，便是合宜的洗礼（来 9:10,19 - 22；徒 2:41；16:33；可 7:4）。

4. 不仅凡是宣认信仰并顺服基督的人（可 16:15 - 16；徒 8:37 - 38），而且凡是父母双方或一方为信徒的婴孩，都应受洗（创 17:7,9；加 3:9,14；西 2:11 - 12；徒 2:38 - 39；罗 4:11 - 12；林前 7:14；太 28:19；可 10:13 - 16；路 18:15）。

5. 藐视或忽略洗礼，乃是大罪（路 7:30；出 4:24 - 26）；但恩典与拯救并非不可分割地与此礼联系，以至于没有洗礼便无人能重生或得救（罗 4:11；徒 10:2,4,22,31,45,47），或是凡受过洗者都无疑重生了（徒 8:13,23）。

6. 虽然洗礼的功效并不维系于施行时的瞬间（约 3:5,8）；但是，人若正当地使用此礼，圣灵就藉此对凡照着上帝的旨意应得那所应许之恩典的人（无论老幼），在祂所指定的时候，不仅将此恩典放在他们面前，而且实在地赐给他们（加 3:27；多 3:5；弗 5:25－26；徒 2:38,41）。

7. 不论对任何人，洗礼只宜施行一次（多 3:5）。

二十九、论圣餐

1. 我们的主耶稣被卖的那一夜，设立了祂体与血的圣礼，称为圣餐，以备祂的教会遵守，直到世界的末了；这圣餐是为永远记念祂自己的牺牲之死，保证将其中的恩惠赐给真信徒，叫他们在祂里面有属灵的滋养和生长，并使他们继续向祂尽当尽的本分；这圣餐又是作为基督奥秘身体之肢体的信徒，与祂交通，也彼此交通的联络和保证（林前 11:23－26；10:16－17,21；12:13）。

2. 这圣礼不是将基督献给父，也不是为活人或死人赦罪所献的任何真正的祭物（来 9:22,25,26,28），而只是对基督在十字架上一次献上祂自己的记念，和为此用赞美向上帝献上属灵的祭物（林前 11:24－26；太 26:26,27）；所以天主教所谓的弥撒献祭，是极其可憎地有损于基督那只一次的献祭，即祂为选民一切的罪所献独一的赎罪祭（来 7:23,24,27；10:11,12,14,18）。

3. 在此圣礼中，主耶稣指派牧师向人宣讲祂设立圣餐的话，作祷告，并祝谢饼酒，如此便将饼酒从普通的用途分别为圣；并拿起饼来擘开，拿起杯来分给领受圣餐者，自己也一同领受（太 26:26－28；可 14:22－24；路 22:19－20；林前 11:23－26)；但不可分给未出席聚会的人(徒 20:7；林前 11:20)。

4. 私人举行弥撒，即单独从神甫或其他任何人领此圣礼(林前 10:16)；或拒绝分杯给信徒(可 14:23；林前 11:25－29)；或崇拜饼酒，或将之举起，捧持游行以资朝拜，或藉口宗教用途而予以储藏，都违反此圣礼的本质，与基督设立此圣礼的原意相背(太 15:9)。

5. 这圣礼的外表物质(饼酒)，既然照着基督的命令分别为圣，便与钉十字架的基督有了一种密切的关系，甚至有时可以用它们所代表的体与血之名称呼之；话虽如此，但这说法只有圣礼的意思(太 26:26，28)；它们在实质和性质上同以前一样，仍旧只是饼酒(林前 11:26－28；太 26:29)。

6. 那主张经过神甫祝谢，或其他方法，便使饼酒的实质变为基督体与血之实质的教理(通称为化体说)，不仅不合乎圣经，而且违反常识和理性；它推翻了圣礼的本质，造成各种迷信，甚至造成了可憎的偶像崇拜(徒 3:21；林前 11:24－26；路 24:6，39)。

7. 在此圣礼中，那配领受者在外部领受此礼的有形之物时(林前 11:28)，也在内心不是属物质或属肉体地，而是藉着信心属灵地、实在地领受并吃喝那被钉十字架的基督及其受死的一切惠益；因此基督的体血不是物质地或肉体地在饼酒之中，或与饼酒同在，或在饼酒之下，而是在此礼中属灵地、实在地临于信徒的信心中，正如饼酒临于他们自己的外部感官一样(林前 10:16)。

8. 虽然那无知和邪恶的人领受此圣礼的外表物质,但是他们不能领受该物质所象征的;他们不配地来,乃是干犯主的身和血,定自己的罪。因此,一切无知和不敬虔的人,因不适于与主相交,而不配来到主的桌前;他们若在此情形下依然故我地来领受这些圣洁的奥秘(林前 11:27 - 29;林后 6:14 - 16),或得准许参加(林前 5:6 - 7,13;帖后 3:6,14 - 15;太 7:6),未有不大大得罪基督的。

三十、论教会的劝惩

1. 教会的君王和元首主耶稣将教会管理权交与教会圣职人员之手;但他们与国家官员不同(赛 9:6 - 7;提前 5:17;帖前 5:12;徒 20:17,28;来 13:7,17,24;林前 12:28;太 28:18 - 20)。

2. 天国的钥匙交给了这些圣职人员,因此他们有权不免去或赦免人的罪,按照情形的需要,用圣道和劝惩向不悔改的人关闭天国,又藉着宣讲福音和撤除劝惩,向悔改的人开放天国(太 16:19;18:17 - 18;约 20:21 - 23;林后 2:6 - 8)。

3. 若教会任凭罪恶昭彰和刚愎自负的罪人,亵渎上帝的圣约和印记,就会有上帝的震怒公平地临到。为了矫正并得着那犯罪的弟兄,防止他人犯同样的过犯,并除去那能够感染全团的酵,维持基督的尊荣与福音的纯正,避免上帝的震怒,教会的劝惩乃是必不可少的(林前 5;提前 5:20;太

7:6;提前1:20;林前11:27-34;犹23)。

4. 为了更完美地达成以上目的,教会圣职人员应当按照犯罪的性质和犯罪者的罪状予以训诫,或暂停圣餐,或逐出教会(帖前5:12;帖后3:6,14-15;林前5:4,5,13;太18:17;多3:10)。

三十一、论教会总会和议会

1. 为了教会更好的管理和更深的造就,应有通称为总会或议会的聚会(徒15:2,4,6)。

2. 正如执政者可以合法地召集牧师及其他适当人选,开会商讨并咨询有关宗教事务(赛49:23;提前2:1,2;代下19:8-11;29;30;太2:4,5;箴11:4);照样,若国家官员公然作教会的仇敌,基督的众牧师便可凭自己的职权,或是他们与其他代表各教会的适当人选,自行在此种总会或议会中聚集(徒15:2,4,22,23,25)。

3. 决定教义的争论和有关良心事项,制定法规以促进公共崇拜以及教会管理,接受失职的控诉,并行使权威予以裁决,此类职权皆属教会总会和议会;此类教令和裁决,如果符合圣经,我们便应当恭敬顺服,不仅因其符合圣经,而且因其制定者是遵照上帝的命令,秉有圣经所赋与的权威(徒15:15,19,24,27-31;16:4;太18:17-20)。

4. 自从使徒时代以来,所有的教会总会或议会,无论是普通的,还是特别的,都有可能犯错误,而且有许多已经犯错；所以不可用这些会议所规定的，作为信仰与行为的准则，只可用来帮助二者(弗 2:20；徒 17:11；林前 2:5；林后 1:24)。

5. 教会总会和议会，除了有关教会的事务以外，不可处理或决定其他任何事情；又不可干涉国政，除非是在特殊事件上，可以向公民政府请愿；或是为满足良心起见，公民政府有所咨询时，可以提出忠告(路 12:13－14；约 18:36)。

三十二、论死后情况和死人复活

1. 人死后身体归于尘土，而见朽坏(创 3:19；徒 13:36)。但他们的灵魂(既不死也不睡)，有不灭的实质，立刻回到那赐与者上帝那里(路 23:43；传 12:7)。义人的灵魂既在那时全然成圣，就被接入高天，得见在荣光中上帝的面，等候身体完全得赎(来 12:23；林后 5:1,6,8；腓 1:23；徒 3:21；弗 4:10)；而恶人的灵魂则被抛到地狱，留在黑暗痛苦中，直到大日的审判(路 16:23,24；徒 1:25；犹 6,7；彼前 3:19)。除此两处之外，圣经并不承认与身体分离的灵魂，另有所归。

2. 在末日还活着的不会死，却要改变(帖前 4:17；林前 15:51,52)；一切死了的人都要复活，带着原来的身体，性质虽异，但并非别体，这身体与他们的灵魂重新联合，直到永远(伯 19:26,27；林前 15:42－44)。

3. 恶人的身体，要因基督的权能而复活受辱；义人的身体，要靠基督的灵而复活得荣，与基督自己荣耀的身体相似(徒 24:15;约 5:28,29;林前 15:43;腓 3:21)。

三十三、论末后审判

1. 上帝已经指定一日,要藉耶稣基督用公义审判世界(徒 17:31),父将一切权柄和审判都赐给了祂(约 5:22,27)。当那日,不仅背道的天使要受审判(林前 6:3;犹 6;彼后 2:4),凡曾住在地上的所有人,也都要到基督的审判台前,为自己的心思、言语和行为交账;按着他们在肉身所行的,或善或恶,而受报(林后 5:10;传 12:14;罗 2:16;14:10,12;太 12:36-37)。

2. 上帝指定此日的目的,是为在选民永远的救恩上,彰显祂慈爱的荣耀;又在邪恶悖逆的弃民的定罪上,彰显祂公义的荣耀。因为那时义人要进入永生,领受由主而来的完满喜乐和愉悦;但那不认识上帝、不顺从耶稣基督福音的恶人,要被扔到永远的痛苦中,离开主的面和祂权能的荣光,受永远毁灭的刑罚(太 25:31-46;罗 2:5-6;9:22-23;太 25:21;帖后 1:7-10;徒 3:19)。

3. 基督既要我们确信必有审判日,以阻止人犯罪,也使虔敬者在苦难中得着更多慰藉(彼后 3:11,14;林后 5:10,11;帖后 1:5-7;路 21:27-28;罗 8:23-25),同样祂也不让人知道那日,好叫他们摆脱一切属肉体的安全感,总要警醒,因为他们不知道主来的时辰;而且叫他们时常准备着说,主耶稣啊,愿祢快来(太 24:36,42-44;可 13:35-37;路 12:35-36;启 22:20)。阿们。

第二部分

威斯敏斯德大教理问答

导　读

威斯敏斯德会议在制定《威斯敏斯德信条》的同时，也起草、通过了两个教理问答。《大教理问答》于 1648 年 7 月产生。斯卡福认为，根据当时欧洲大陆改革宗教会的习惯，《大教理问答》用于在教会讲坛上公开讲授，而《小教理问答》则用于在家庭里教育孩子。[1] 陶伦斯认为，"《大教理问答》主要是用作牧师在主日教导改革宗教义时的参考指南。"[2] 可惜，目前哪怕是在欧美教会中，最盛行的也是《威斯敏斯德小教理问答》，用于公共教育的《大教理问答》反倒很少有人过问。因此，关于《小教理问答》的诠释和讲道比比皆是，而关于《大教理问答》的，目前从图书馆中能够找到的只有两本，一是 1855 年版的托马斯·瑞格理（Thomas Ridgely, 1667－1734）所著多达 1303 页的《大教理问答释义》，二是 2002 年版的曾到中国大陆宣教的魏司道博士所著的

1　Schaff, *The Creed of Christendom*, Vol. I, p. 784.

2　Thomas F. Torrance, *The School of Faith* (New York: Harper, 1959), p. 183.

589 页的注释。

根据威斯敏斯德会议记录,《大教理问答》的制定先于《小教理问答》,其中每个问答都是在会议上逐个讨论通过的。主要作者是安东尼·塔可尼博士(Anthony Tuckney),他是当时剑桥大学的副校长、神学教授。这个教理问答是对信条的解释和补充,特别是在基督徒伦理方面,其详尽性超过宗教改革时期其他任何改革宗信条,是改革宗神学解释十诫的经典之作。解释教会史学家斯卡福认为,"在制定的艺术上,《大教理问答》是一个杰作,胜过其他任何类似的作品,并且是以当时普遍盛行的系统神学的形式阐明各项教义的。"[3]《大教理问答》是为那些信心上比较成熟的人预备的,在教义界定上更精确,更全面。《小教理问答》更多地集中于教导初信者明白基本要道,注重个人的层面;《大教理问答》主要是为比较成熟的基督徒预备的,更多地注重基督徒生活的群体性方面,多处谈及教会,都是《小教理问答》不曾涉及的。对于在教义和伦理方面都非常贫乏的中国教会而言,《大教理问答》可以说是一个百科全书式的指南。

《大教理问答》与《小教理问答》架构相同,也分为三个部分。第一部分为序言部分,从第 1 问至第 5 问,论及人生的首要目的、上帝的存在、上帝的圣言。第二部分论及人当信什么,从第 6 问至第 90 问。第三部分论及人当怎样行,从第 91 问至最后第 196 问。有些《大教理问答》的答案比较长,包含多个方面。为了更加清晰可用,译者根据其内容,划分为若干部分。

---

3 参考 Schaff, *The Creed of Christendom*, Vol.I, p.786.

一、人生的首要目的

1问：人生最重要、最崇高的目的是什么？

答：人生最重要、最崇高的目的就是荣耀上帝（罗 11：36；林前 10：31），完全以祂为乐，直到永远（诗 73：24－28；约 17：21－23）。

二、上帝的存在

2问：如何晓得有上帝存在呢？

答：人心中的自然之光，和上帝的作为，都在明明地宣告上帝的存在（罗 1：19－20；诗 19：1－3；徒 17：28）；但是，人要得救，唯独上帝的圣言和圣灵才能充分、有效地向人启示祂（林前 2：9－10；提后 3：15－17；赛 59：21）。

三、上帝的圣言

3问：上帝的圣言是什么？

答：旧新约圣经就是上帝的圣言（提后 3：16；彼后 1：19－21），是信仰与顺服的唯一标准（弗 2：20；启 22：18，19；赛 8：20；路 16：29，31；加 1：8－9；提后 3：15，16）。

4问：如何晓得圣经就是上帝的圣言呢？

答：圣经是上帝的圣言，由以下方面可知：

（1）圣经体裁的庄严（何 8：12；林前 2：6－7，13；诗 119：18，129），教理的纯正（诗 12：6；诗 119：140），各部的契合（徒 10：43；26：22），范围的全备（全归荣耀于上帝）（罗 3：

19,27);

(2) 使罪人知罪、归正,使信徒得安慰、得造就,以致最终使人得救的亮光和力量(徒 18:28;来 4:12;雅 1:18;诗 19:7－9;罗 15:4;徒 20:32),都证明圣经是上帝的圣言;

(3) 但是,唯独上帝的圣灵,藉着并同着圣经在人心中的见证,才能完全使人信服圣经确实是上帝的圣言(约 16:13－14;约壹 2:20,27;约 20:31)。

四、圣经的主要教训

5 问:圣经主要教训什么?

答:圣经主要教训:

(1) 人对上帝当信什么;

(2) 上帝要求人当尽什么本分(提后 1:13)。

6 问:圣经显明上帝的什么方面?

答:圣经显明:

(1) 上帝是怎样的上帝(来 11:6);

(2) 上帝的位格(约贰 5:17);

(3) 上帝的预旨(徒 15:14－15,18)及其施行(徒 4:27－28)。

五、上帝的属性

7 问:上帝是怎样的上帝?

答:(1) 上帝是个灵(约 4:24),祂的存有(出 3:14;伯 11:7－9)、荣耀(徒 7:2)、可赞(提前 6:15)和完全(太 5:48),在祂自身都是无限的;

(2) 上帝自足(创 17:1),永恒(诗 90:2),永不改变(玛

3:6;雅 1:17),不可测度(王上 8:27),无所不在(诗 139:1-13),无所不能(启 4:8),无所不知(来 4:13;诗 147:5),至智(罗 16:27),至圣(赛 6:3;启 15:4),至公(申 32:4),至慈,长久忍耐,有丰盛的慈爱和诚实(出 34:6)。

六、上帝的独一性

8 问:上帝是独一的吗?

答:上帝是独一无二、又真又活的(申 6:4;林前 8:4,6;耶 10:10)。

七、上帝的位格性

9 问:上帝共有几个位格?

答:(1) 上帝共有三个位格:圣父,圣子,圣灵;

(2) 这三个位格是同一真实、永恒的上帝,同质,同权,同荣;

(3) 但各有不同的特性(约壹 5:7;太 3:16-17;28:19;林后 13:14;约 10:30)。

10 问:上帝的这三个位格各有什么特性?

答:在永恒中,

(1) 圣父生圣子(来 1:5-6,8);

(2) 圣子受生于圣父(约 1:14,18);

(3) 圣灵由圣父与圣子发出(约 15:26;加 4:6)。

11 问:如何晓得圣子、圣灵与圣父同为上帝?

答:圣经把唯独属于上帝的名字(赛 6:3,5,8;比较约 12:41;徒 28:25;约壹 5:20;徒 5:3-4)、属性(约 1:1;赛 9:

6;约 2:24－25;林前 2:10－11)、作为(西 1:16;创 1:2)和敬拜(太 28:19;林后 13:14),也归于圣子和圣灵,这就显明祂们与圣父同为上帝。

八、上帝的预旨

12 问:上帝的预旨是什么?

答:上帝的预旨乃是:

(1) 上帝按照祂旨意所定的智慧、自由、圣洁的行动计划(弗 1:11;罗 11:33;9:14－15,18);

(2) 由此祂从永世便为祂自己的荣耀,不变地预定了历史中要发生的一切(弗 1:4,11;罗 9:22－23;诗 33:11),特别是关于天使和人类之事。

13 问:关于天使和人类,上帝特别的预旨是什么?

答:关于天使和人类,上帝特别的预旨是:

(1) 上帝唯独出于祂自己的慈爱,为了使祂荣耀的恩典得着称赞,在日期满足的时候,就藉着祂永恒不变的预旨,拣选了一部分天使得荣耀(提前 5:21);

(2) 上帝在基督里,拣选了一部分人得永生,且预定了得永生的途径(弗 1:4－6;帖后 2:13－14);

(3) 上帝因着祂的主权和不可测度的旨意(祂由此随己意施与恩典,或不施与),置其余的人于不顾,预定他们因自身的罪而遭受羞辱和震怒,使祂荣耀的公义得着称赞(罗 9:17－18,21－22;太 11:25－26;提后 2:20;犹 4;彼前 2:8)。

14 问:上帝怎样实施祂的预旨?

答:上帝根据祂无谬的预知,并祂自由且不变的旨意,在创造和护理之工中，实施祂的预旨（弗 1:11）。

九、上帝的创造之工

15 问：上帝的创造之工是什么？

答：上帝的创造之工就是：起初，上帝用祂权能的话，为祂自己，在六日之内，从无中创造了世界及其中的万物，并且都是很好的（创 1；来 11:3；箴 16:4）。

十、上帝创造天使

16 问：上帝怎样造天使？

答：上帝创造了所有的天使（西 1:16），

(1) 他们乃是灵体（诗 104:4）；

(2) 不灭（太 22:30）、圣洁（太 25:31）、卓有知识（撒下 14:17；太 24:36）、大有权能（帖后 1:7）；

(3) 为的是执行上帝的吩咐，赞美祂的圣名（诗 103:20－21）；

(4) 但天使能够改变（彼后 2:4）。

十一、上帝创造人

17 问：上帝怎样造人的？

答：(1) 上帝在创造了其他各样受造物之后就造了人，乃是造男造女（创 1:27）；

(2) 用地上的泥土造了男人的身体（创 2:7），用男人的肋骨造了女人的身体（创 2:22），赋与他们活泼的、理性的、不灭的灵魂（创 2:7；伯 35:11；传 12:7；太 10:28；路 23:43）；

(3) 按祂自己的形像造了他们（创 1:27），有知识（西 3:10）、公义和圣洁（弗 4:24）；

(4) 把上帝的律法刻在他们的心中(罗 2:14－15),并赐给他们遵行的力量(传 7:29),和治理万物的权柄(创 1:28);

(5) 但人也能够堕落(创 3:6;传 7:29)。

十二、上帝的护理之工

18 问:上帝的护理之工是什么?

答:上帝的护理之工是:

(1) 祂至圣(诗 145:17)、至智(诗 104:24;赛 28:29)、至能地保守(来 1:3)并治理(诗 103:19)祂所创造的万有;

(2) 祂统管它们,以及它们所有的行动(太 10:29－31;创 45:7),使祂自己得荣耀(罗 11:36;赛 63:14)。

十三、上帝对天使的护理

19 问:上帝对天使的护理是什么?

答:为使自己得荣耀,上帝藉其护理,

(1) 容许某些天使,故意地、不可挽回地堕落在罪和毁灭之中(犹 6;彼后 2:4;来 2:16;约 8:44),并对此以及他们所有的罪加以限制和统管(伯 1:12;太 8:31);

(2) 使其余的天使在圣洁和喜乐之中得以坚固(提前 5:21;可 8:38;来 12:22);

(3) 又随自己的美意使用他们(诗 104:4),施行祂的权柄、怜悯和公义(王下 19:35;来 1:14)。

十四、上帝对人的护理

20 问:上帝对起初受造状态中的人有什么护理?

答:上帝对起初受造状态中的人有以下的护理:

(1) 把他安置在乐园里,吩咐他修理看守,赐给他吃地

上各样果子的自由(创 2:8,15－16);

(2) 万物都置于他的治理之下(创 1:28);

(3) 设立婚姻帮助他(创 2:18);

(4) 为他提供与上帝的交通(创 1:26－29;创 3:8);

(5) 设立安息日(创 2:3);

(6) 以个人、完全、持续的顺服为条件(加 3:12;罗 10:5),与他立生命之约,生命树就是此约的信物(创 2:9);

(7) 禁止他吃分别善恶树上的果子,违约的惩罚就是死(创 2:17)。

十五、始祖的堕落

21 问:我们的始祖守住起初受造的状况了吗?

答:没有。我们的始祖既有意志的自由,因着撒但的诱惑,吃了禁果,违背了上帝的诫命,就从起初受造的无罪状况中堕落了(创 3:6－8,13;传 7:29;林后 11:3)。

十六、亚当的代表性

22 问:全人类都在亚当的首次犯罪中堕落了吗?

答:是的。因为上帝与亚当立约的时候,亚当作为众人的代表,不仅是为自己,也是为他的后裔立约。所以,那藉常例而生,由他传下的全人类(徒 17:26),都在他里面犯了罪,在他的首次犯罪中与他一同堕落了(创 2:16－17;罗 5:12－20;林前 15:21－22)。

十七、原罪

23 问:堕落使人类处于什么状况之中?

答:堕落使人处于罪恶和愁苦的状况之中(罗 5:12;3:

23）。

24 问：什么是罪？

答：罪就是不遵行或违背上帝的任何一条律法，律法是上帝赐给有理性的受造物的标准（约壹 3:4；加 3:10，12）。

25 问：堕落后，人陷于怎样的罪恶状况中？

答：堕落后，人陷于以下罪恶状况中：亚当第一次犯罪所负的罪债（罗 5:12，19），受造时公义的丧失和整个人性的败坏，由此而对一切属灵的善彻底嫌恶，也无能为力，而且背道而驰，一心倾向各样邪恶，并持续如此（罗 3:10－19；弗 2:1－3；罗 5:6；8:7－8；创 6:5）；这就是通常所说的原罪，并由此生发各样的本罪（雅 1:14－15；太 15:19）。

26 问：原罪如何从我们的始祖传递到他们的后裔？

答：原罪从我们的始祖传递到他们的后裔，是藉着自然的生殖。因此，所有以此方式从他们生出的人，都是在罪中受孕、出生的（诗 51:5；伯 14:4；15:14；约 3:6）。

十八、罪所导致的惩罚

27 问：堕落给人带来什么愁苦？

答：堕落使人类丧失了与上帝的交通（创 3:8，10，24），招致祂的不悦和咒诅；因此，我们生来就是可怒之子（弗 2:2－3）、撒但的奴仆（提后 2:26），按照公义，我们今生和来世所受的一切惩罚都是当得的（创 2:17；哀 3:39；罗 6:23；太 25:41，46；犹 7）。

28 问:罪在今生所带来的惩罚是什么?

答:罪在今生所带来的惩罚有:

(1) 内在的惩罚:如悟性的混昧(弗 4:18),被弃的感觉(罗 1:28),强烈的妄想(帖后 2:11),心灵的刚硬(罗 2:5),良心的惧怕(赛 33:14;创 4:13;太 27:4),和情感的卑劣(罗 1:26);

(2) 外在的惩罚:如上帝因我们犯罪的缘故咒诅世界(创 3:17),有各样的灾难临到我们的身体、名誉、财产、关系和职业(申 28:15-18),还有死亡(罗 6:21,23)。

29 问:罪在来生所带来的惩罚是什么?

答:罪在来生所带来的惩罚是:与上帝美好的同在永远隔绝,灵魂和身体永远在地狱的烈火中遭受极难忍受的煎熬,永不止息(帖后 1:9;可 9:43-44,46,48;路 16:24)。

十九、行为之约

30 问:上帝任凭全人类在罪恶和愁苦中灭亡吗?

答:不是。

(1) 全人类都落入罪恶和愁苦中(帖前 5:9),是因为第一个约被违背了,即通常所说的行为之约(加 3:10,12);

(2) 但上帝并没有任凭他们都在这一状态中灭亡;相反,唯独出于祂的慈爱和怜悯,藉着第二个约,即通常所说的恩典之约,把祂的选民从中救拔出来,带领他们进入得救的状态(多 3:4-7;加 3:21;罗 3:20-22)。

二十、恩典之约

31 问:上帝与谁立此恩典之约呢?

答:这恩典之约是与

(1) 作为第二个亚当的基督而立的;

(2) 并在祂里面,与作为其后裔的所有选民而立的(加3:16;罗5:15-21;赛53:10-11)。

32问:上帝的恩典是如何在第二个约中显明的?

答:上帝的恩典显明在第二个约之中,

(1) 在此约里白白地向罪人提供了一位中保(创3:15;赛42:6;约6:27),使他们靠祂得生命和救恩(约壹5:11-12);

(2) 并要求以信心作为与祂联合的条件(约3:16;1:12),应许并赐给祂的选民圣灵(箴1:23),在他们心中生成这种信心(林后4:13),以及其他从救恩而生的美德(加5:22-23);

(3) 使他们能够虔敬顺服(结36:27),作为真信心(雅2:18,22)和对上帝感恩(林后5:14-15)的凭据,这一切就是祂所命定给他们的得救之路(弗2:18)。

二十一、恩典之约的施行

33问:这恩典之约始终是以同一种方式施行吗?

答:这恩典之约并非始终是以同一种方式施行,在旧约之下的施行与在新约之下的施行并不相同(林后3:6-9)。

34问:在旧约之下,这恩典之约是如何施行的?

答:在旧约之下,

(1) 这恩典之约是藉着应许(罗15:8)、预言(徒3:20,24)、献祭(来10:1)、割礼(罗4:11)、逾越节(林前5:7)及其他预表和各种蒙恩之道而施行的；

（2）这些都是以后来临的基督的预表，在那时足够建造选民对所应许的弥赛亚的信心（来8，9，10；11：13），使他们因着祂过犯得以完全赦免，得蒙永远的救恩（加3：7－9，14）。

35问：在新约之下，这恩典之约是如何施行的？

答：在新约之下，

（1）恩典之约的实体（基督）显明出来，这同一恩典之约过去是、现在仍然是藉着圣言的传讲（可16：15）、洗礼（太28：19－20）和圣餐（林前11：23－25）的施行而施行的；

（2）其中，恩典和救赎更丰盛、更显明、更有果效地向列国万民发出（林后3：6－9；来8：6，10－11；太28：19）。

二十二、恩典之约的中保

36问：谁是这恩典之约的中保？

答：这恩典之约的唯一中保就是主耶稣基督（提前2：5），

（1）祂是上帝的永恒之子，与父同质同权（约1：1，14；10：30；腓2：6）；

（2）及至时候满足，降世为人（加4：4）；

（3）从那时起就一直是上帝和人，两性全然不同，存于一个位格之中，直到永远（路1：35；罗9：5；西2：9；来7：24－25）。

37问：上帝之子基督是如何降世为人的？

答：上帝之子基督降世为人，

(1) 是自己取了人实在的身体和理性的灵魂(约 1:14;太 26:38);

(2) 藉着圣灵的大能在童贞女马利亚腹中成孕,由她取了人性,从她出生(路 1:27,31,35,42;加 4:4);

(3) 只是祂没有罪(来 4:15;来 7:26)。

二十三、中保的资格

38 问:为什么这一中保必须是上帝呢?

答:这一中保必须是上帝,

(1) 如此祂才能维系并保持其人性,不至于在上帝的无限忿怒和死亡的权势之下沉沦(徒 2:24-25;罗 1:4,比较罗 4:25;来 9:14);

(2) 使祂的受苦、顺服和代祷有价值和果效(徒 20:28;来 9:14;7:25-28);

(3) 满足上帝的公义(罗 3:24-26),获得祂的恩宠(弗 1:6;太 3:17),赎买一群特定的子民(多 2:13-14),把祂的灵赐给他们(加 4:6),征服他们所有的仇敌(路 1:68-69,71,74),使他们永远得救(来 5:8-9;9:11-15)。

39 问:为什么这一中保必须是人呢?

答:这一中保必须是人,

(1) 如此祂才能增进我们的性情(来 2:16),顺服律法(加 4:4),在我们的性情中为我们受苦,并为我们代祷(来 2:14;7:24-25),体恤我们的软弱(来 4:15);

(2) 并使我们可以得儿子的名分(加 4:5),得安慰,坦然无惧地来到施恩宝座前(来 4:16)。

40 问:为什么这一中保必须既是上帝又是人,且在一个位格中呢?

答:这一中保,既然要使上帝与人和好,就必须自己既是上帝又是人,且在一个位格之中,使每一性都各尽其职,作为整个位格的工作,为我们而被上帝悦纳(太 1:21,23;3:17;来 9:14),并且成为我们的倚靠(彼前 2:6)。

二十四、中保的名称

41 问:为什么我们的中保被称为耶稣呢?

答:我们的中保之所以被称为耶稣,是因为祂要把祂自己的百姓从罪中救出来(太 1:21)。

42 问:为什么我们的中保被称为基督呢?

答:我们的中保之所以被称为基督,是因为:

(1) 祂受圣灵无限量地膏抹(约 3:34;诗 45:7);

(2) 并分别出来,具备各样的权柄和能力(约 6:27;太 28:18 - 20);

(3) 为其教会(腓 2:8 - 11)执行先知(徒 3:21 - 22;路 4:18,21)、祭司(来 5:5 - 7;4:14 - 15)与君王(诗 2:6;太 21:5;赛 9:6 - 7)的职分;

(4) 祂处于升高和降卑中都是如此。

二十五、中保的职分

43 问:基督怎样履行先知的职分?

答:基督藉着祂的圣灵和圣言(彼前 1:10 - 12),在各个时代,以各种不同的施行方式(来 1:1 - 2),在关乎他们的造就和救赎的一切事宜上(徒 20:32;弗 4:11 - 13;约 20:

31)，向教会启示(约1:18)上帝全备的旨意(约15:15)，如此便履行了先知的职分。

44问：基督如何履行祭司的职分？

答：基督为祂百姓的罪，将自己作为无瑕疵的祭品，一次向上帝献上(来9:14,28)，使上帝与他们和好(来2:17)，并为他们继续代祷(来7:25)，如此就履行了祭司的职分。

45问：基督如何履行君王的职分？

答：基督履行君王的职分，

(1) 祂从世界中召出一个民族归祂自己(徒15:14－16;赛55:4－5;创49:10;诗110:3)，赐给他们圣职人员(弗4:11－12;林前12:28)、律法(赛33:22)和裁决，祂以此有形的方式治理他们(太18:17－18;林前5:4－5);

(2) 把救赎恩典赐给选民(徒5:31)，报偿他们的顺服(启22:12;2:10)，纠正他们的过犯(启3:19)，在各样的试探和苦难中保守并支持他们(赛63:9)，遏制并战胜他们所有的仇敌(林前15:25;诗110:1－2)，为祂自己的荣耀(罗14:10－11)，并为他们的益处(罗8:28)，大有权能地吩咐万有;

(3) 并报应其余那些不认识上帝、不顺服福音的人(帖后1:8－9;诗2:8－9);如此就履行了君王的职分。

二十六、基督的降卑

46问：基督的降卑的状态是什么？

答：基督的降卑的状态是：

(1) 祂为了我们的缘故，倒空自己的荣耀，取了奴仆的样式；

(2) 祂从孕育、降生、生活、受死，以及死后，直到复活，都处于卑微的状况中(腓 2:6－8；路 1:31；林后 8:9；徒 2:24)。

47 问：在祂的成孕和降生中，基督是如何谦卑自己的？

答：基督在祂的成孕和降生中谦卑自己，在于：

(1) 祂身为上帝的永恒之子，从父的怀中，在时候满足的时候，甘愿成为人子，由一位卑微的女人生成，且从她而生；

(2) 其所处的各样环境，比一般的屈尊更甚(约 1:14，18；加 4:4；路 2:7)。

48 问：在祂的生活中，基督是如何谦卑自己的？

答：基督在祂的生活中谦卑自己，在于：

(1) 祂自己顺服律法(加 4:4)；

(2) 祂完美地成全律法(太 5:17；罗 5:19)；

(3) 祂面对世上的各样侮辱(诗 22:6；来 12:2－3)、撒但的试探(太 4:1－12；路 4:13)、自己肉身的软弱。这些痛苦或是常见于人的性情，或是特别与祂的降卑状态相伴(来 2:17－18；4:15；赛 52:13－14)。

49 问：在祂的受死中，基督是如何谦卑自己的？

答：基督在祂的受死中谦卑自己，在于：

(1) 为犹大背叛(太 27:4)；

(2) 被门徒离弃(太 26:56)；

(3) 受世人的嘲弄和弃绝(赛 53:2－3)；

(4) 被彼拉多定罪,遭执法人员的折磨(太 27:26－50;约 19:34);

(5) 为死亡的恐怖、黑暗的权势所苦,承受上帝的忿怒(路 22:44;太 27:46);

(6) 为罪舍己,作为奉献(赛 53:10);

(7) 忍受十字架上痛苦的、羞耻的、受咒诅的死亡(腓 2:8;来 12:2;加 3:13)。

50 问:基督死后的降卑在于什么?

答:基督死后的降卑在于:

(1) 祂被埋葬(林前 15:3－4);

(2) 持续处于死亡的状态中,处在死亡的权势之下,直到第三日(诗 16:10;徒 2:24－27,31;罗 6:9;太 12:40);

(3) 用另外的词汇表达,就是祂降在阴间。

二十七、基督的升高

51 问:基督的升高包括什么?

答:基督的升高包括:

(1) 祂的复活(林前 15:4);

(2) 升天(可 16:19);

(3) 坐在父的右边(弗 1:20);

(4) 将来再临,审判世界(徒 1:11;17:31)。

52 问:在祂的复活中,基督是如何升高的?

答:基督在祂的复活中升高,在于:

(1) 祂未在死亡中见朽坏,因为祂不可能被死拘禁(徒 2:24,27),基督以祂受苦时同样的身体,同样的属性(路

24:39)，但是没有必死性，也没有其他凡人共有的软弱，真的与祂的灵魂联合(罗 6:9;启 1:18)，祂第三天靠祂自己的权柄从死里复活(约 10:18)；

(2) 因此，祂宣告自己是上帝的儿子(罗 1:4)，满足了上帝的公义(罗 8:34)，征服了死亡和死亡权势的执掌者(来 2:14)，成为活人和死人的主(罗 14:9)；

(3) 祂作为公仆(林前 15:21－22)，教会的元首(弗 1:20,22－23;西 1:18)，行这些事，目的是为了使他们称义(罗 4:25)，在恩典中长进(弗 2:1,5－6;西 2:12)，支持他们抵挡仇敌(林前 15:25－27)，并保证他们在末日的时候从死里复活(林前 15:20)。

53 问:在祂的升天中，基督是如何升高的?

答:基督在祂的升天中升高，在于:

(1) 祂复活之后，向门徒显现，并同他们说话，谈及上帝国度之事(徒 1:2－3)，赐给他们向列国传福音的使命(太 28:19－20)；

(2) 在复活四十天之后，祂以我们的性情，作为我们的元首(来 6:20)，胜过仇敌(弗 4:8)，在众目注视之下升上高天，为人领受诸多的恩赐(徒 1:9－11;弗 4:10;诗 68:18)，把我们的情感提升到彼处(西 3:1－2)；

(3) 为我们预备地方(约 14:3)，祂自己也在那里，直到世界的末了，再次降临(徒 3:21)。

54 问:基督坐在父的右边，祂是如何在此事中升高的?

答:基督坐在父的右边，祂的升高是在于:

(1) 祂既是上帝，又是人，得到父上帝至高的恩宠(腓

2:9)，满有喜乐(徒 2:28；诗 16:11)、荣耀(约 17:5)，并得到胜过天上地上的一切权柄(弗 1:22；彼前 3:22)；

(2) 聚集并护卫祂的教会，征服他们的仇敌；用各样的恩赐和恩典(弗 4:10－12；诗 110:1)，装备祂的仆人和子民，并为他们代祷(罗 8:34)。

二十八、基督的代祷

55 问：基督是如何代祷的？

答：基督为我们代祷，在于：

(1) 祂以我们的性情，始终不渝地出现在天父面前(来 9:12,24)，因着祂在地上顺服与献祭的功劳(来 1:3)，宣告祂的旨意是要把这功劳应用到所有的信徒身上(约 3:16；17:9,20,24)；

(2) 回击一切对他们的控告(罗 8:33－34)，为他们达成良心的平安，尽管他们天天有失败之处(罗 5:1－2；约壹 2:1－2)，仍使他们坦然无惧地来到施恩宝座前(来 4:16)，并使他们本人(弗 1:6)和服事都蒙悦纳(彼前 2:5)。

二十九、基督的再来

56 问：基督将来再临，审判世界，祂是如何在此事中升高的？

答：基督将来再临，审判世界，祂在此事中的升高，在于：

(1) 祂虽受到不义的审判，并被恶人定罪(徒 3:14－15)；

(2) 却要在末日之时，大有权能地再临(太 24:30)；

(3) 完全彰显祂自己和父的荣耀，与千万的圣天使(路

9:26;太 25:31),在呼叫声中,随着天使长的声音,与上帝的角声(帖前 4:16),以公义审判这个世界(徒 17:31)。

三十、基督赢得的恩惠

57 问:藉其中保的工作,基督赢得了什么恩惠?

答:藉其中保的工作,基督赢得了救赎(来 9:12),以及其他所有的恩典之约的恩惠(林后 1:20)。

58 问:我们怎能分享基督所买赎的恩惠呢?

答:我们分享基督所买赎的恩惠,乃是藉着圣灵上帝特别的工作(多 3:5 - 6),从而把这些恩惠赐给我们(约 1:11 - 12)。

59 问:谁与基督的救赎有分呢?

答:救赎是确定地赐给并有效地传递给所有基督买赎的人(弗 1:13 - 14;约 6:37,39;10:15 - 16);及至时候满足,圣灵就使他们能够照着福音归信基督(弗 2:8;林后 4:13)。

三十一、未听信福音之人的状况

60 问:那些从未听过福音,既不认识也不相信基督耶稣的人,根据自然之光生活,能够由此得救吗?

答:那些从未听过福音(罗 10:14),因此既不认识基督耶稣(帖后 1:8 - 9;弗 2:12;约 1:10 - 12),也不相信祂的人,即使他们殷勤地根据自然之光(林前 1:20 - 24),或他们所认信的宗教诫命,来调整自己的生活(约 4:22;罗 9:31 - 32;腓 3:4 - 9),也不会得救(约 8:24;可 16:16);耶稣之外，别无救赎(徒 4:12)，唯独祂是教会全体的救主(弗 5:23)。

三十二、听过福音之人的状况

61 问：那些听过福音，并参加教会生活的人，是不是都得救了？

答：并不是所有听过福音，并参加有形教会生活的人，都得救了；唯有那些无形教会的真成员才是得救的(约 12:38-40；罗 9:6；太 22:14；7:21；罗 11:7)。

三十三、有形教会及其特权

62 问：有形教会是什么？

答：有形教会就是由世上各个时代、各个地方认信真宗教的人(林前 1:2；12:13；罗 15:9-12；启 7:9；诗 2:8；诗 22:27-31；诗 45:17；太 28:19-20；赛 59:21)，和他们的子女(林前 7:14；徒 2:39；罗 11:16；创 17:7)所组成的一个群体。

63 问：有形教会有什么特权？

答：有形教会的特权是：

(1) 处于上帝的特别看顾和护理之下(赛 4:5-6；提前 4:10)；

(2) 尽管有各种仇敌的抵挡，仍在各个时代中得蒙保守(诗 115；赛 31:4-5；亚 12:2-4，8-9)；

(3) 享有圣徒的交通，和通常的蒙恩之道(徒 2:39，42)，以及耶稣在福音事奉中向其所有成员发出的恩典的邀约，见证一切信祂的人都会得救(诗 147:19-20；罗 9:4；弗

4:11－12;可 16:15－16),凡来到祂面前的人,都不会被丢弃(约 6:37)。

三十四、无形教会及其特权

64 问:无形教会是什么?

答:无形教会包括过去、现在、未来,在元首基督名下聚集归一的所有选民(弗 1:10,22－23;约 10:16;11:52)。

65 问:藉着基督,无形教会的成员享有什么特殊的恩惠?

答:藉着基督,无形教会的成员在恩典与荣耀里享有与祂的合一和交通(约 17:21;弗 2:5－6;约 17:24)。

三十五、选民与基督的合一

66 问:选民所享有与基督的合一是什么?

答:选民所享有的与基督的合一,是上帝恩典的作为(弗 1:22;2:6－8),他们由此虽是属灵地、神秘地,却是真正地、不可分离地,与他们的元首和丈夫基督联合(林前 6:17;约 10:28;弗 5:23,30);这是在有效的恩召中所成就的(彼前 5:10;林前 1:9)。

三十六、有效的恩召

67 问:什么是有效的恩召?

答:有效的恩召是上帝的大能和恩典的作为(约 5:25;弗 1:18－20;提后 1:8－9),

(1) 祂出于对其选民白白和特别的爱,并不是因为他们身上有什么促使祂行动的东西(多 3:4－5;弗 2:4－5,

7-9;罗 9:11);

(2) 在祂所悦纳的日子,藉着祂的圣言和圣灵,邀请并吸引他们归向基督耶稣(林后 5:20,比较林后 6:1-2;约 6:44;帖后 2:13-14);

(3) 救赎性地启迪他们的心思(徒 26:18;林前 2:10,12),更新并大有权能地决定他们的意志(结 11:19;36:26-27;约 6:45);

(4) 使得已经死在罪恶之中的他们变得甘心乐意,能够自由爽快地回应祂的呼召,领受其中所显明并传递的恩典(弗 2:5;腓 2:13;申 30:6)。

68 问:唯独选民得蒙有效的恩召吗?

答:所有的选民,而且唯独他们,得蒙有效的恩召(徒 13:48);尽管其他人或许,也经常是,藉着上帝圣言的服事,蒙受外部的呼召(太 22:14),并且有圣灵的普通运行(太 7:22;13:20-21;来 6:4-6);但他们故意忽略、轻视向他们所显明的恩典,就被公义地弃置于他们自己的不信之中,绝不会真正地归向耶稣基督(约 12:38-40;徒 28:25-27;约 6:64-65;诗 81:11-12)。

三十七、选民在恩典中与基督的交通

69 问:无形教会的成员在恩典里所享有的与基督的交通是什么?

答:无形教会的成员在恩典里所享有的与基督的交通,是在于与祂中保的功劳有分,在称义(罗 8:30),得儿子的名分(弗 1:5),成圣,以及今生的一切事宜上,都显明他们与基督的合一(林前 1:30)。

三十八、称义

70 问:称义是什么?

答:(1) 称义是上帝的作为,祂白白地把恩典赐与罪人(罗 3:22,24-25;4:5);

(2) 由此赦免他们所有的罪,接纳他们,并在祂的眼中算他们为义(林后 5:19,21;罗 3:22,24-25,27-28);

(3) 并不是因为他们自己有什么,也不是因为他们作了什么(多 3:5,7;弗 1:7);

(4) 而是唯独因为基督的完美的顺服和完全的补偿,由上帝归算在他们的身上(罗 5:17-19;4:6-8);

(5) 且是唯独藉着信心才能领受的(徒 10:43;加 2:16;腓 3:9)。

三十九、称义与恩典

71 问:为什么说称义是上帝白白恩典的作为呢?

答:(1) 藉其顺服和受死,基督确实代表那些被称义之人,对上帝的公义,作出了适当的、真正的、完全的补偿(罗 5:8-10,19);

(2) 上帝是从一个保证人接受补偿,这也是祂可以要求他们的;而且上帝确实提供了这样的一个保证人,就是祂的独生子(提前 2:5-6;来 10:10;太 20:28;但 9:24,26;赛 53:4-6,10-12;来 7:22;罗 8:32;彼前 1:18-19);

(3) 上帝把基督的义归算在他们身上(林后 5:21),使他们唯独藉着信称义(罗 3:24-25),向他们别无所求,这信心也是祂的恩赐(弗 2:8)。所以,他们的称义是因着上帝白白的恩典而归给他们的(弗 1:7)。

四十、称义与信心

72 问：使人称义的信心是什么？

答：使人称义的信心是：

(1) 使人称义的信心是一种救赎性美德（来 10:39），由圣灵（林后 4:13；弗 1:17－19）和圣言（罗 10:14,17）在罪人的心中做成，使他确知自己的罪和愁苦，自己和其他任何受造者都不能救他脱离失丧之境（徒 2:37；徒 16:30；约 16:8－9；罗 5:6；弗 2:1；徒 4:12）；

(2) 使人称义的信心不仅赞同福音应许的真实性（弗 1:13），而且接受并信靠福音所应许的基督和祂的义，从此罪得赦免（约 1:12；徒 16:31；10:43），在上帝的眼中，得蒙悦纳，被算为义，以致得救（腓 3:9；徒 15:11）。

73 问：在上帝的眼中，信心如何使罪人称义呢？

答：在上帝的眼中，信心使罪人称义，

(1) 绝不是因为随之而来的其他美德，或信心所结的善行的果子（加 3:11；罗 3:28），也不是说信心这一美德、或信心的行为可算为他的义（罗 4:5，比较罗 10:10）；

(2) 只是因为信心是器皿，罪人由此接受基督和祂的义，并运用在自己的身上（约 1:12；腓 3:9；加 2:16）。

四十一、得儿子的名分

74 问：什么是得儿子的名分？

答：得儿子的名分是上帝的作为，

(1) 出于祂白白的恩典（约壹 3:1）；

(2) 在祂独生子耶稣基督里，且是为着祂的缘故而行的（弗 1:5；加 4:4－5）；

(3) 由此那些称义之人一概被纳入众子的数目(约 1:12);

(4) 有祂的名写在他们上面(林后 6:18;启 3:12);

(5) 领受赐与他们的祂儿子的圣灵(加 4:6);

(6) 处于祂父般的眷顾之下(诗 103:13;箴 14:26;太 6:32);

(7) 得享上帝众子的一切自由和特权,承受各样的应许,并与基督在荣耀里同为后嗣(来 6:12;罗 8:17)。

四十二、成圣

75 问:成圣是什么?

答:成圣是上帝恩典的作为,

(1) 由此,那些在创世之前就蒙拣选成为圣洁的人,在日期满足的时候,藉着圣灵大能的运行(弗 1:4;林前 6:11;帖后 2:13),把基督的受死和复活落实到他们的身上(罗 6:4-6),目的在于按上帝的形像使他们的全人得以更新(弗 4:23-24);

(2) 有悔改得生以及其他所有从救恩而生的美德的种子安置在他们的心中(徒 11:18;约壹 3:9),而且这些美德被挑旺,得增加,受坚固(犹 20;来 6:11-12;弗 3:16-19;西 1:10-11),使他们愈来愈能向罪而死,更有生命的新样式(罗 6:4,6,14;加 5:24)。

四十三、悔改得生

76 问:悔改得生是什么?

答:悔改得生是一种救赎性美德(提后 2:25),是圣灵(亚 12:10)和圣言(徒 11:18,20-21)在罪人的心中做成

的，由此，

(1) 罪人意识到罪的危险性(结 18:28,30,32;路 15:17-18;何 2:6-7);

(2) 认识到罪的污秽和丑陋(结 36:31;赛 30:22);

(3) 领悟上帝在基督里对悔改者的怜悯(珥 2:12-13);

(4) 因此为自己的罪忧伤难过(耶 31:18-19);

(5) 并产生恨恶之情(林后 7:11);

(6) 从而转离一切罪，归向上帝(徒 26:18;结 14:6;王上 8:47-48);

(7) 并立定心志，竭力以新的顺服，在各个方面与主同行(诗 119:6,59,128;路 1:6;王下 23:25)。

四十四、称义与成圣的不同

77 问：称义与成圣有何不同？

答：虽然称义与成圣不可分割地联系在一起(林前 6:11;1:30)，但它们仍有不同之处：

(1) 称义是基督的义的归算(罗 4:6,8)，而成圣则是祂注入恩典，使人得以行出(结 36:7);

(2) 称义使罪得赦免(罗 3:24-25)，而成圣使罪被征服(罗 6:6,14);

(3) 称义使所有的信徒在今生一概脱离上帝的报应之怒，达于完全，使他们不再被定罪了(罗 8:33-34);成圣在所有的人身上不尽相同(约壹 2:12-14;来 5:12-14)，今生也没有任何人能达于完全(约壹 1:8,10)，而是向着完全不断长进(林后 7:1;腓 3:12-14)。

四十五、成圣的不完全性

78问：为何信徒的成圣在今生都不完全呢？

答：信徒的成圣在今生都不完全，这是因为他们身上各个部分仍然有罪的残余，肉体的情欲依然存在，不停地与圣灵相争；因此，他们经常为试探所击倒，陷落到许多罪中（罗7:18,23；可14:66；加2:11-12），各种属灵的事奉常受拦阻（来12:1），即使最好的善行，在上帝的眼中也不完美，仍有污损（赛64:6；出28:38）。

四十六、真信徒得蒙保守

79问：真信徒既不完美，也被诸多的试探和罪所胜，他们会不会从蒙恩的状态中堕落呢？

答：不会。因着

（1）上帝的不变之爱（耶31:3）；

（2）祂按照祂自己的预旨和圣约赐给他们恒忍的力量（提后2:19；来13:20-21；撒下23:5）；

（3）使他们与基督联合，不可分离（林前1:8-9）；

（4）基督也为他们持续地代祷（来7:25；路22:32）；

（5）圣灵和上帝的种子仍在他们心中（约壹3:9；2:27）。

所以，他们既不会完全，也不会最终从蒙恩的状态中堕落（耶32:40；约10:28），而是得蒙上帝大能的保守，由信得救（彼前1:5）。

四十七、得救的确信

80问：真信徒是否能够毫无谬误地确信他们已经蒙恩，并由此恒忍，直到最终得救？

答:是的。真正归信基督,努力用无愧的良心行在祂面前的人(约壹2:3),

(1) 毋需另外的特别启示;

(2) 藉着基于上帝应许之真实性的信心;

(3) 藉着使他们能够分辨自己是否拥有那些所应许的与新生命相伴的美德(林前2:12;约壹3:14,18-19,21,24;4:13,16;来6:11-12);

(4) 并与他们的灵同证他们是上帝儿女的圣灵(罗8:16);

(5) 他们可以毫无谬误地确信自己已经蒙恩,并由此恒忍,直到最终得救(约壹5:13)。

81问:所有真信徒都是一直确信自己目前已经蒙恩,并最终得救吗?

答:对于所有真信徒而言,

(1) 蒙恩得救的确信并不是信心的本质(弗1:13);

(2) 所以,在得到这一确信之前,真信徒或许要长期等候(赛50:10;诗88);

(3) 即使在享有之后,这一确信仍会因着心思烦乱、各样的罪、遭遇试探和暂时被弃而减弱或中断(诗77:1-12;51:8,12;31:22;22:1;歌5:2-3,6);

(4) 圣灵的同在和扶持绝不会全然离开他们,必保守他们不至陷入绝望(约壹3:9;伯13:15;诗73:15,23;赛54:7-10)。

四十八、选民在荣耀里与基督的交通

82问:无形教会的成员在荣耀里所享有的与基督的交

通是什么？

答：无形教会的成员在荣耀里所享有的与基督的交通，是在于今生（林后 3:18）、死后（路 23:43），以及最终在复活与审判日达于完全的交通（帖前 4:17）。

83 问：无形教会的成员今生在荣耀里所享有的与基督的交通是指什么？

答：这种交通是指：

（1）无形教会的成员今生得蒙与基督一同得荣的初熟的果子，因基督是他们的元首，他们是祂的肢体，所以在祂里面，与祂所有的荣耀有分（弗 2:5－6）；

（2）他们享有上帝的慈爱（罗 5，比较林后 1:22），良知的平安，圣灵里的喜乐，和荣耀的盼望（罗 5:1－2；14:17），这些都是他们得基业的凭据；

（3）而恶人则感受到上帝复仇的忿怒，良知的恐惧，对将来审判的畏惧，这些痛苦始于今生，并在死后承受（创 4:13；太 27:4；来 10:27；罗 2:9；可 9:44）。

四十九、死亡

84 问：所有的人都会死吗？

答：死亡是罪的工价（罗 6:23）。所以，按照定命，人人都有一死（来 9:27）；因为所有的人都犯了罪（罗 5:12）。

85 问：既然死亡是罪的工价，而义人的罪在基督里都蒙赦免，为什么他们没有脱离死亡呢？

答：义人在末日的时候就会脱离死亡，即使在死亡之时，也脱离了死亡的毒钩和咒诅（林前 15:26，55－57；来 2:

15)；因此，虽然他们也死亡，但这是出于上帝的慈爱(赛57:1-2;王下22:20)，使他们完全从罪和愁苦中释放出来(启14:13;弗5:27)，进入荣耀里，与基督有更深的联合(路23:43;腓1:23)。

86问:无形教会的成员死后在荣耀里所享有的与基督的交通是指什么?

答:无形教会的成员死后在荣耀里所享有的与基督的交通，是指:

(1) 那时他们的灵魂在圣洁上达于完全(来12:23);

(2) 被接入高天(林后5:1,6,8;腓1:23,比较徒3:21;弗4:10);

(3) 在光明和荣耀中得见上帝之面(约壹3:2;林前13:12);

(4) 等候他们身体完全的得赎(罗8:23;诗16:9);

(5) 他们的身体即使在死亡中也与基督继续联合(帖前4:14);

(6) 安息在坟墓里，如同安息在床上(赛57:2);

(7) 直到末日与他们的灵魂再次联合(伯19:26-27);

(8) 而恶人的灵魂死时被抛进地狱之中，停留在痛苦和彻底的黑暗里，他们的身体则保留在坟墓里，如在监狱中，直到复活和审判的大日(路16:23-24;徒1:25;犹6-7)。

五十、复活

87问:关于复活，我们当信什么?

答:我们当信，

(1) 在末日的时候，死人都要复活，不管是义人，还是

不义的人(徒 24:15);

(2) 那时还活着的人在一刹那间都要改变;那些躺在坟墓中的同一身体要与他们的灵魂重新联合,不再分离,因着基督的大能而复活(林前 15:21 – 23;帖前 4:15 – 17;约 5:28 – 29);

(3) 义人的身体,因着基督的灵,并藉着他们的元首基督的复活,大有权能地复活,成为属灵的、不朽坏的,与基督荣耀的身体一样(林前 15:21 – 23,42 – 44;腓 3:21);

(4) 而恶人的身体亦将由基督这被触怒的审判者,使其在羞辱的状态中复活过来(约 5:27 – 29;太 25:33)。

88 问:复活之后,随即发生什么?

答:复活之后,随即所发生的就是:

(1) 最终的大审判,天使和人都要受到审判(彼后 2:4;犹 6 – 7,14 – 15;太 25:46);

(2) 没有人知道那日那时,所有人都当警醒祷告,时刻预备主的到来(太 24:36,42,44;路 21:35 – 36)。

五十一、末后的审判

89 问:在审判之日,恶人会承受什么?

答:在审判之日,恶人将会:

(1) 被置于基督的左边(太 25:33);

(2) 基于确凿的证据,他们自己的良知完全伏罪(罗 2:15 – 16);

(3) 被公开定罪,承受可怕但却公平的判决(太 25:41 – 43);

(4) 随即被抛进地狱之中,被逐于上帝恩惠的同在,以及基督、祂的圣徒，和所有圣天使的荣耀团契之外，身体灵魂都受惩罚，遭受无法言喻的痛苦，与魔鬼和属它的天使在一起，直到永永远远（路 16:26；帖后 1:8－9）。

90 问：在审判之日，义人会承受什么？

答：在审判之日，义人会：

(1) 被提到云中（帖前 4:17）；

(2) 到基督面前，坐在祂的右边，当众被承认，宣告无罪（太 25:33；10:32）；

(3) 与基督一同审判被弃的天使和世人（林前 6:2－3）；

(4) 被接入天堂（太 25:34,46）；

(5) 完全、永远地脱离所有的罪和痛苦（弗 5:27；启 14:13）；

(6) 被无法想象的喜乐充满（诗 16:11）；

(7) 在身体和灵魂上都达于完全的圣洁和幸福，与无数的圣徒和圣天使在一起（来 12:22－23）；

(8) 特别是直接得见父上帝、主耶稣基督和圣灵，得此为乐，直到永远（约壹 3:2；林前 13:12；帖前 4:17－18）。

这就是无形教会的成员，在复活和审判之日，在荣耀里与基督所享有的完美的交通。

五十二、人的本分

91 问：上帝要求人尽什么本分？

答：上帝要求人当尽的本分是顺服祂显明的旨意（罗 12:1－2；弥 6:8；撒上 15:22）。

五十三、顺服的标准

92 问：上帝起初向人显明了什么作为顺服祂的标准？

答：上帝向处在无罪状态中的亚当，以及在祂里面的全人类所显明的顺服标准，除了禁止吃分别善恶树上的果子这一特别的诫命之外，就是道德律（创 1:26－27；罗 2:14－15；10:5；创 2:17）。

五十四、道德律的性质

93 问：道德律是什么？

答：道德律：

(1) 是上帝对人类旨意的宣告，是人当向上帝和他人所尽的圣洁与公义的本分（路 1:75；徒 24:16）；

(2) 指导并约束每个人都必须亲自、完全、持续地予以遵行、顺服；灵魂与身体全身心地践行（申 5:1－3，31，33；路 10:26－27；加 3:10；帖前 5:23）；

(3) 遵行则有生命的应许，违背则有死亡的后果（罗 10:5；加 3:10，12）。

五十五、道德律的功用

94 问：堕落之后，道德律对人还有什么作用呢？

答：堕落之后，

(1) 没有人能靠道德律臻达公义和生命（罗 8:3；加 2:16）；

(2) 但道德律仍然大有用处，不管是未重生的人，还是已重生的人，对所有的人都是如此（提前 1:8）。

95 问：道德律对所有的人有什么用处？

答：道德律对所有的人都有用处：

(1) 告诉他们上帝圣洁的属性和旨意(利 11:44－45；20:7－8；罗 7:12)；

(2) 告诉他们当尽的责任，并约束他们必须遵行(弥 6:8；雅 2:10－11)；

(3) 使他们知道自己没有能力遵行，认识到自己的性情、心灵和生命都受到了罪的污染(诗 19:11－12；罗 3:20；7:7)；

(4) 使他们意识到自己的罪和痛苦，从而谦卑自己(罗 3:9,23)；

(5) 由此帮助他们更加清楚地认识到对基督的需要(加 3:21－22)，对基督的完全顺服的需要(罗 10:4)。

96 问：对未重生的人，道德律有什么特别的用处？

答：对未重生的人，道德律的用处，在于：

(1) 唤醒他们的良知，使他们逃离将来的忿怒(提前 1:9－10)；

(2) 促使他们归向基督(加 3:24)；

(3) 如果他们继续处于罪境之中，继续行罪路，就使他们无可推诿(罗 1:20，比较罗 2:15)；

(4) 并处于罪所带来的咒诅之下(加 3:10)。

97 问：对已重生的人，道德律有什么特别的用处？

答：对于已经重生、归信基督之人，

(1) 虽然道德律对他们已经不再是行为之约(罗 6:14；罗 7:4,6；加 4:4－5)；

(2) 他们既不因之称义(罗 3:20)，也不因之定罪(加

5:23;罗 8:1)。

但是,除了与所有人共同的用处之外,道德律还有特别的用处,就在于向他们显明:

(1) 因为基督为他们的益处成全了道德律,替他们承受了咒诅,所以他们对基督有何等的亏欠(罗 7:24 - 25;加 3:13 - 14;罗 8:3 - 4);

(2) 由此激发他们更有感恩之心,并且使他们更加谨守,以道德律为顺服的标准加以遵行,从而表达出感恩之心(罗 7:22;12:2;多 2:11 - 14)。

五十六、道德律的综述[4]

98 问:道德律的综述是在什么里面?

答:道德律的综述是在十诫之中,这是上帝在西奈山上亲口颁布的,并且亲手写在两块石版上(申 10:4;出 34:1 - 4);记录在《出埃及记》20 章。前四诫是我们对上帝当尽的本分,后六诫是我们对人当尽的本分(太 22:37 - 40)。

五十七、理解十诫的规则

99 问:要正确理解十诫,应当遵守什么规则?

答:要正确理解十诫,以下的规则应予遵守:

(1) 律法是全备的,约束每个人都必须完全遵守,以全人完全合乎其中之义,完全顺服,直到永远;因此,律法要求

---

4 十诫并不等于道德律,而是道德律的综述或概括。正确地解释十诫,十诫包括上帝吩咐人当尽的一切本分。然而,要具体地理解上帝的旨意,仅仅停留在十诫本身是不够的。比如,第七条诫命规定"不可奸淫",要具体理解什么是奸淫,必须参照更具体的规定,比如《利未记》18 章。参考 Johannes G. Vos, *The Larger Catechism*, pp. 239 - 240.

人完备地履行每一当尽的责任，即使最微小的犯罪也予以禁止（诗 19:7；雅 2:10；太 5:21－22）；

（2）律法是属灵的，关涉到悟性、意志、情感以及灵魂的其他所有能力，涵盖言语、行为和姿态（罗 7:14；申 6:5；太 22:37－39，比较太 5:21－22，27－28，33－34，37－39，43－44）；

（3）同样的事物，在不同的方面，在不同的诫命中，有所要求或禁止（西 3:5；摩 8:5；箴 1:19；提前 6:10）；

（4）吩咐某一责任，就是禁止与此相反的罪行（赛 58:13；申 6:13，比较太 4:9－10；15:4－6）；禁止人犯一种罪，就是命令人去完成与该罪行相反的责任（太 5:21－25；弗 4:28）。同样，何处附加了应许，就包括了与之相反的警告（出 20:12；箴 30:17）；何处附加了警告，就包括了与之相反的应许（耶 18:7－8；出 20:7，比较诗 15:1，4－5；诗 24:4－5）；

（5）凡上帝所禁止的，绝不要去行（伯 13:7－8；罗 3:8；伯 36:21；来 11:25）；凡上帝所吩咐的，则始终是我们的责任（申 4:8－9）；但是，并不是在所有的时间，都要完成每一个责任（太 12:7）；

（6）在一个罪或责任之下，所有同类的罪也受到禁止，同类的责任也在所吩咐的范围之内；连同所有的原因、途径、场合、表现、挑衅都在内（太 5:21－22，27－28；15:4－6；来 10:24－25；帖前 5:22；犹 23；加 5:26；西 3:21）；

（7）凡向我们所禁止或所吩咐的，我们都有责任根据自己的身份地位，并根据他人在其身份地位上当尽的本分，努力使他人避免或遵行（出 20:10；利 19:17；创 18:19；书 24:15；申 6:6－7）；

(8) 凡向他人所吩咐的,我们都有责任根据我们的地位和职分,帮助他们实现(林后 1:24);凡禁止他们去行的,我们也要注意不要与他们有分(提前 5:22;弗 5:11)。

100 问:在十诫中,我们要考察什么特别的事项?

答:在十诫中,我们要考察序言、十诫本身的精义和某些诫命所附加的各种理由,使我们更加谨守遵行。

五十八、十诫的序言

101 问:十诫的序言是什么?

答:十诫的序言就是:"我是耶和华你的上帝,曾将你从埃及地为奴之家领出来"(出 20:2)。

(1) 上帝从中显明了祂的主权,祂是耶和华,是永恒、不变、全能的上帝(赛 44:6);祂是自有永有的(出 3:14),祂的话语(出 6:3)和作为(徒 17:24,28)都由祂而出;

(2) 祂是立约的上帝,与过去的以色列人立约,也与祂所有的子民立约(创 17:7,比较罗 3:29);

(3) 正如祂带领以色列人摆脱了埃及地的捆绑,同样也把我们从属灵的奴役下释放出来(路 1:74-75)。

因此,我们视祂为我们独一的上帝,遵行祂一切的诫命,是义不容辞的(彼前 1:15-18;利 18:30;19:37)。

五十九、前四诫精义

102 问:前四诫中包含了我们对上帝的责任,其精义是什么?

答:前四诫中包含了我们对上帝的责任,其精义是尽心、尽性、尽力、尽意爱主我们的上帝(路 10:27)。

六十、第一条诫命

103 问:第一条诫命是什么?

答:第一条诫命是:“在我面前,你不可有别的神”(出 20:3)。

104 问:在第一条诫命中,吩咐我们尽什么责任?

答:在第一条诫命中吩咐我们:

(1) 认识并承认上帝是独一的真上帝,我们的上帝(代上 28:9;申 26:17;赛 43:10;耶 14:22);

(2) 并要如此去崇拜、荣耀祂(诗 95:6–7;太 4:10;诗 29:2),思念(玛 3:16)、默想(诗 63:6)、记念(传 12:1)、尊崇(诗 71:19)、尊敬(玛 1:6)、敬慕(赛 45:23)、选择(书 24:15,22)、挚爱(申 6:5)、爱慕(诗 73:25)、敬畏祂(赛 8:13);

(3) 相信祂(出 14:31);

(4) 倚靠祂(赛 26:4),仰望祂(诗 130:7),靠祂快乐(诗 32:11),以祂为乐(诗 37:4);

(5) 为祂发热心,以祂的忌邪为心(罗 12:11;民 25:11);

(6) 向祂呼吁,把一切的赞美和感恩都归于祂(腓 4:6),并以全人顺服祂(耶 7:23;雅 4:7);

(7) 在一切的事情上都留心得蒙祂的悦纳(约壹 3:22),为所有得罪祂的事情而忧伤(耶 31:18;诗 119:136);

(8) 并且存谦卑的心与祂同行(弥 6:8)。

105 问:在第一条诫命中,禁止什么罪?

答:在第一条诫命中所禁止的罪是:

(1) 否定上帝或不承认上帝存在的无神论(诗 14:1;弗

2:12);

(2) 相信或崇拜多位神,或崇拜真上帝之外的任何神,以及在崇拜真上帝的同时还拜别神的偶像崇拜(耶 2:27-28;帖前 1:9);

(3) 不承认祂为上帝,为我们的上帝(诗 81:11);

(4) 忽视在这一诫命中所吩咐的祂所当得的任何事物(赛 43:22-24);

(5) 无知(耶 4:22;何 4:1,6)、忘记(耶 2:32)、误解(徒 17:23,29)、谬见(赛 40:18),与祂不相配的邪恶思想(诗 50:21);

(6) 肆无忌惮,窥探祂的隐密(申 29:29);

(7) 各样的亵渎(多 1:16;来 12:16),对上帝的怨恨(罗 1:30);

(8) 专顾自己(提后 3:2),一心寻求自己的益处(腓 2:21),以及其他所有放荡无羁地把我们的心思、意志、情感置于其他事物上,或全部或部分偏离祂的事情(约壹 2:15-16;撒上 2:29;西 3:2,5);

(9) 轻信(约壹 4:1)、不信(来 3:12)、异端(加 5:20;多 3:10)、误信(徒 26:9)、怀疑(诗 78:22)、失望(创 4:13)、固执(耶 5:3),在审判之下仍然麻木不仁(赛 42:25),心里刚硬(罗 2:5)、骄傲(耶 13:15),任意妄为(诗 19:13),自以为平安无事(番 1:12),试探上帝(太 4:7);

(10) 运用不合乎上帝律法的手段(罗 3:8),倚靠不合乎上帝律法的手段(耶 17:5);

(11) 爱宴乐(提后 3:4);

(12) 虽有热心,但却败坏、盲目,没有分辨力(加 4:17;约 16:2;罗 10:2;路 9:54-55);

(13) 不冷不热(启 3:16),在上帝的事情上是死的(启 3:1);

(14) 疏离、背叛上帝(结 14:5;赛 1:4-5);

(15) 向圣徒、天使或其他任何受造物祷告,或崇拜他们(罗 10:13-14;何 4:12;徒 10:25-26;启 19:10;太 4:10;西 2:18;罗 1:25);

(16) 与魔鬼结盟,交鬼求问(利 20:6;撒上 28:7,11;代上 10:13-14),倾听它的建议(徒 5:3);

(17) 使人成为我们信仰与良知之主(林后 1:24;太 23:9);

(18) 怠慢、藐视上帝及其诫命(申 32:15;撒下 12:9;箴 13:13);

(19) 抵挡圣灵,使祂担忧(徒 7:51;弗 4:30),不满、厌烦上帝的安排,愚昧地指责祂把各样灾难加在我们身上(诗 73:2-3,13-15,22;伯 1:22);

(20) 把我们所具有的、所得来的、所能作的任何好事都归之于幸运(撒上 6:7-9)、偶像(但 5:23)、自己(申 8:17;但 4:30)或其他任何受造之物(来 1:16)。

106 问:在第一条诫命中说"在我面前",这对我们有什么特别的教导?

答:在第一条诫命中说"在我面前",这些话语教导我们,

(1) 无所不见的上帝特别注意到人另有别神之罪,大为不悦;

(2) 因此劝阻人脱离此罪,视此罪为放肆的挑衅,使其更显严重(结 8:5-6;诗 44:20-21);

(3) 同时，也使我们相信，不管从事何种服事，都是行在祂的眼前(代上 28:9)。

六十一、第二条诫命

107 问:第二条诫命是什么?

答:第二条诫命是:“不可为自己雕刻偶像;也不可作什么形像，仿佛上天、下地和地底下、水中的百物。不可跪拜那些像，也不可事奉它，因为我耶和华你的上帝，是忌邪的上帝。恨我的，我必追讨他的罪，自父及子，直到三四代;爱我、守我诫命的，我必向他们发慈爱，直到千代”(出 20:4-6)。

108 问:在第二条诫命中，吩咐我们尽什么责任?

答:在第二条诫命中，吩咐我们所尽的责任是:

(1) 对上帝在圣经中所指定的一切宗教崇拜和蒙恩之道，要接受遵行，保持纯全(申 32:46-47;太 28:20;徒 2:42;提前 6:13-14);

(2) 特别是，奉基督之名所作的祷告和感恩(腓 4:6;弗 5:20)，读经、讲道、听道(申 17:18-19;徒 15:21;提后 4:2;雅 1:21-22;徒 10:33)，施行和领受圣礼(太 28:19;林前 11:23-30)，教会治理和劝惩(太 18:15-17;16:19;林前 5;12:28)，及其施行与保守(弗 4:11-12;提前 5:17-18;林前 9:7-15)，敬虔的禁食(珥 2:12-13;林前 7:5)，奉上帝的名宣誓(申 6:13)，向上帝许愿(赛 19:21;诗 76:11);

(3) 谴责、痛恨、反对各种各样的伪崇拜(徒 17:16-17;诗 16:4);

(4) 根据自己的地位和职分，清除伪崇拜，以及偶像崇拜的各种标记(申 7:5;赛 30:22)。

109 问:在第二条诫命中,禁止什么罪?

答:在第二条诫命中,禁止的罪行有:

(1) 以任何方式,发明(民 15:39)、求问(申 13:6－8)、命令(何 5:11;弥 6:16)、使用(王上 11:33;12:33)、认可非上帝所指定的任何宗教崇拜(申 12:30－32);

(2) 宽容伪宗教(申 13:6－12;番 13:2－3;启 2:2,14－15,20;17:12,16－17);

(3) 或在自己心中,或在外部,以任何受造物的形像和样式,制造三个位格或其中任何一个位格的象征(申 4:15－19;徒 17:29;罗 1:21－23,25);

(4) 崇拜此类象征(但 3:18;加 4:8),或者崇拜其中所表征的上帝,或者藉着它崇拜上帝(出 32:5);

(5) 制造假神之像(出 32:8),予以崇拜并事奉(王上 18:26,28;赛 65:11);

(6) 以古风(彼前 1:18)、习俗(耶 44:17)、敬虔(赛 65:3－5;加 1:13－14)、好意或其他理由为借口(撒上 13:11－12;15:21),对上帝的律法或加或减(申 4:2),或自己杜撰,或自己发起(诗 106:39),或因传统受自他人(太 15:9),设计各种迷信(徒 17:22;西 2:21－23),败坏对上帝的崇拜(玛 1:7－8,14);

(7) 买卖圣职(徒 8:18);

(8) 亵渎上帝(罗 2:22;玛 3:8);

(9) 忽略(出 4:24－26)、轻蔑(太 22:5;玛 1:7,13)、拦阻(太 23:13)、反对上帝所指定的敬拜和蒙恩之道(徒 13:44－45;帖前 2:15－16)。

110 问：为了使我们更加谨守遵行，第二条诫命所附加的遵行理由是什么？

答：为了使我们更加谨守遵行，第二条诫命所附加的遵行理由包含在以下的话中："我耶和华你的上帝，是忌邪的上帝。恨我的，我必追讨他的罪，自父及子，直到三四代；爱我、守我诫命的，我必向他们发慈爱，直到千代"（出 20:5－6）。

（1）这些理由不但包括上帝对我们拥有主权，我们是属祂的（诗 45:11；启 15:3－4）；

（2）也包括祂对自己的崇拜有强烈的忌邪之心（出 34:13－14），所有的伪崇拜都是属灵的淫乱，必招致祂复仇的震怒（林前 10:20－22；耶 7:18－20；结 16:26－27；申 32:16－20）；

（3）违背这一诫命的人，就是恨恶上帝的人，上帝警告要惩罚他们，直到许多代（何 2:2－4）；

（4）遵守这一诫命的人，就是爱祂并守祂诫命的人，会得到尊荣，上帝应许要怜悯他们，直到许多代（申 5:29）。

六十二、第三条诫命

111 问：第三条诫命是什么？

答：第三条诫命是："不可妄称主你上帝的名，因为妄称祂名的，主必不以他为无罪"（出 20:7）。

112 问：在第三条诫命中吩咐什么？

答：在第三条诫命中吩咐：

（1）上帝的名字、尊称、属性（太 6:9；申 28:58；诗 29:2；68:4；启 15:3－4）、蒙恩之道（玛 1:14；传 5:1）、圣言（诗

138:2)、圣礼(林前 11:24－25,28－29)、祷告(提前 2:8)、起誓(耶 4:2)、许愿(传 5:4－6)、拈阄(徒 1:24,26)、作为(伯 36:24),以及其他祂所用以显明祂自己的一切,都要在思想(玛 3:16)、默想(诗 8:1,3－4,9)、言语(西 3:17;诗 105:2,5)和著述(诗 102:18)中,予以圣洁、敬畏地使用;

(2) 藉着圣洁的告白(彼前 3:15;弥 4:5),行事为人与之相称(腓 1:27),使上帝得荣耀(林前 10:31),我们(耶 32:39)和他人都得益处(彼前 2:12)。

113 问:在第三条诫命中,禁止什么罪行?

答:在第三条诫命中禁止的罪行是:

(1) 不按圣经的要求使用上帝的名字(玛 2:2);

(2) 愚昧(徒 17:23)、虚妄(箴 30:9)、不敬、亵渎(玛 1:6－7,12;3:14)、迷信(撒上 4:3－5;耶 7:4,9－10,14,31;西 2:20－22)地滥用上帝的名字;

(3) 或以邪恶之心提及上帝的名字,以亵渎(王下 19:22;利 24:11)、伪证(亚 5:4;8:17)之举利用上帝的尊称、属性(王下 18:30,35;出 5:2;诗 139:20)、蒙恩之道(诗 50:16－17)和作为(赛 5:12);

(4) 一切恶毒的咒诅(撒上 17:43;撒下 16:5)、起誓(耶 5:7;23:10)、许愿(申 23:18;徒 23:12,14)、掣签(斯 3:7;9:24;诗 22:18);

(5) 违背我们合乎上帝律法的宣誓和许愿(诗 24:4;结 17:16,18－19);

(6) 成全不合乎上帝律法的宣誓和许愿(可 6:26;撒上 25:22,32－34);

(7) 抱怨、抗拒(罗 9:14,19－20)、窥探(申 29:29)、误

用上帝的预旨（罗 3:5，7；6:1－2）和护理（传 8:11；9:3；诗 39）；

(8) 误解（太 5:21－48）、误用（结 13:22），或以其他任何方式歪曲上帝的圣言，或其中的任何部分（彼后 3:16；太 22:24－31），用于亵渎性的戏谑（赛 22:13；耶 23:34，36，38）、好奇无益的问难、荒缈无凭的空谈，或坚持谬妄的教义（提前 1:4，6－7；6:4－5，20；提后 2:14；多3:9）；

(9) 滥用上帝名下所包含的受造物或任何事物，用为魔法符咒（申 18:10－14；徒 19:13），或邪恶的情欲和行为（提后 4:3－4；罗 13:13－14；王上 21:9－10；犹 4）；

(10) 恶毒中伤（徒 13:45；约壹 3:12），亵慢讥诮（诗 1:1；彼后 3:3），肆意谩骂（彼前 4:4），或以其他任何方式反对上帝的真理、恩典和道路（徒 13:45－46，50；徒 4:18；19:9；帖前 2:16；来 10:29）；

(11) 或假冒为善，或因心怀不轨而谎称信主（提后 3:5；太 23:14；6:1－2，5，16）；

(12) 以主名为耻（可 8:38），或因不顺从（诗 73:14－15），无智慧（林前 6:5－6；弗 5:15－17），不结果子（赛 5:4；彼后 1:8－9），唐突冒犯，绊倒他人（罗 2:23－24），冷淡退后，离弃真道（加 3:1，3；来 6:6），从而羞辱主名。

114 问：第三条诫命所附加的理由是什么？

答：第三条诫命所附加的理由在以下的话语中："耶和华你上帝"和"因为妄称祂名的，主必不以他为无罪"（出 20:7）。这是因为：

(1) 祂是主，我们的上帝，因此我们不可亵渎祂的名，也不可以任何方式滥用（利 19:12）；

(2) 特别是因为触犯这一诫命的人，祂必不会赦免、饶恕。即使许多人避开了人的鉴察和审判(撒上 2:12,17,22,24;撒上 3:13)，但上帝却不容他们逃避祂公义的审判(结 36:21－23;申 28:58－59;亚 5:2－4)。

六十三、第四条诫命

115 问:第四条诫命是什么?

答:第四条诫命是:“当记念安息日，守为圣日。六日要劳碌作你一切的工;但第七日是向耶和华你上帝当守的安息日;这一日你和你的儿女、仆婢、牲畜，并你城里寄居的客旅，无论何工都不可作，因为六日之内，耶和华造天、地、海和其中的万物，第七日便安息，所以耶和华赐福与安息日，定为圣日”(出 20:8－11)。

116 问:在第四条诫命中吩咐什么?

答:在第四条诫命中，吩咐所有的人将上帝在圣经中所指定的时间，都向祂分别为圣，予以遵守，祂特别指明七日中的一整天守为圣日;从世界之初到基督复活，这一日为一周的第七日;此后便以每周的第一日为圣日，直到世界的末了;这就是基督徒的安息日(申 5:12－14;创 2:2－3;林前 16:1－2;徒 20:7;太 5:17－18;赛 56:2,4,6－7)，在新约圣经中称之为主日(启 1:10)。

117 问:如何将安息日或主日守为圣日?

答:守安息日为圣，乃是:

(1) 整日合乎圣洁地安息(出 20:8,10)，不仅不犯那些平常为罪的恶事，还要停止平日合乎上帝律法的俗世职业

和娱乐(出 16:25－28;尼 13:15－22;耶 17:21－22);

(2) 并用全部时间,或与众人,或在家中,敬拜上帝(赛 58:13;路 4:16;徒 20:7;林前 16:1－2;诗 92 标题;赛 66:23;利 23:3),以此为赏心乐事;

(3) 只有为着必须的工作和施行怜悯所占的时间例外(太 12:1－13);

(4) 为此,我们要预备心灵,提前安排,殷勤作工,稳健节制,合乎时宜地迅速处理我们的俗世之事,使我们可以更自由、更适宜地尽此日当尽的本分(出 20:8;路 23:54,56;出 16:22,25－26,29;尼 13:19)。

118 问:为什么说守安息日这一吩咐,特别指向家长和其他尊长呢?

答:守安息日这一吩咐,特别指向家长和其他尊长,这是因为:

(1) 他们不仅有责任自己遵守,还有责任监督那些处在其负责范围之内的人予以遵守;

(2) 而且,还因为他们经常有占用他们的时间,拦阻他们守安息日的倾向(出 20:10;书 24:15;尼 13:15－17;耶 17:20－22;出 23:12)。

119 问:在第四条诫命中,禁止什么罪?

答:在第四条诫命中,禁止的罪是:

(1) 忽略当尽的本分(结 22:26);

(2) 虽予遵行,却漫不经心,粗心大意,不得益处,而且心中厌烦(徒 20:7,9;结 33:30－32;摩 8:5;玛 1:13);

(3) 无所事事,作奸犯科,亵渎此日(结 23:38);

(4) 对俗务和娱乐有不必要的心思、言语或作为(耶17:24,27;赛58:13)。

120问:为了使我们更加晓得其权威性,第四条诫命所附加的遵行理由是什么?

答:为了使我们更加晓得其权威性,第四条诫命所附加的遵行理由:

(1) 首先是出自于其中衡平的原则,即上帝让我们在一周之内有六日作自己的工,但却保留一日归祂自己:“六日要劳碌作你一切的工”(出20:9);

(2) 上帝要求我们把这日特别归给祂:“第七日是向耶和华你上帝当守的安息日”(出20:10);

(3) 而且,上帝以身作则:“六日之内,主造天、地、海和其中的万物,第七日便安息”;

(4) 上帝特别祝福此日,不但把这日分别为圣,用于事奉祂,而且指定,当我们守此日为圣的时候,此日便成为我们蒙福的器皿:“所以耶和华赐福与安息日,定为圣日”(出20:11)。

121问:为什么在第四条诫命的一开始就用了“记念”一词?

答:在第四条诫命的一开始就用了“记念”一词(出20:8),

(1) 部分是因为:记念此日有极大的益处,使我们由此得帮助,预备遵守(出16:23;路23:54,56;可15:42;尼13:19),而且,在遵守的时候,使我们能够更好地遵行其他诫命(诗92标题,比较诗92:13-14;结20:12,19-20),不断地以感恩的心记念创造与救赎的大德，这二者是基督教信仰的总结（创 2:2－3；诗 118:22，24，比较徒 4:10－11；启 1:10）；

（2）部分是因为：我们容易忘却此日（结 22:26），因为自然之光对此日鲜有反映（尼 9:14），而且守安息日限制了我们天然的自由，也就是平日合乎上帝律法的事情此日却不能行（出 34:21）；安息日七天内才有一天，中间世务繁多，常常使我们的心思意念无暇顾及此日，更不用说提前预备，守为圣日了（申 5:14－15；摩 8:5）；再者，撒但与它的仆役也是辛苦作工，妄图抹掉此日的荣耀，甚至想把此日从人的记忆中完全抹除，以便塞进各种各样的反宗教、不敬虔之事（哀 1:7；耶 17:21－23；尼 13:15－23）。

六十四、后六诫精义

122 问：后六诫包括我们对人的责任，其总纲是什么？

答：后六诫包括我们对人的责任，其总纲就是爱人如己（太 22:39），我们愿意人怎样待我们，我们就要怎样待人（太 7:12）。

六十五、第五条诫命

123 问：第五条诫命是什么？

答：第五条诫命是："当孝敬父母，使你的日子在耶和华你上帝所赐你的地上，得以长久"（出 20:12）。

124 问：在第五条诫命中，"父母"是指谁？

答：在第五条诫命中，"父母"一词所指的不仅是肉身的父母（箴 23:22，25；弗 6:1－2），还包括在年纪（提前 5:1－

2)和恩赐(创 4:20－22;创 45:8)上超过我们的一切尊长;特别是那些按照上帝的安排,于家庭(王下 5:13)、教会(王下 2:12;13:14;加 4:19)、国家(赛 49:23)中,在我们之上有权柄的人。

125 问:为什么尊称尊长如父母呢?

答:尊称尊长如父母,是为了教导他们向晚辈履行自己各种本分时,当像肉身的父母一样,同时又当根据他们各种不同的关系,向晚辈表达慈爱和温柔(弗 6:4;林后 12:14;帖前 2:7－8,11;民 11:11－12);并使晚辈甘心乐意、欢欢喜喜地完成他们向尊长当尽的本分,正如对父母一样(林前 4:14－16;王下 5:13)。

126 问:第五条诫命的一般范围是什么?

答:第五条诫命的一般范围是,作为晚辈、长辈或同辈,在我们与他人的各种关系中,履行彼此当尽的责任(弗 5:21;彼前 2:17;罗 12:10)。

127 问:晚辈当如何尊重长辈?

答:晚辈当尊重长辈,包括:

(1) 在心思(玛 1:6;利 19:3)、言语(箴 31:28;彼前 3:6)和行为(利 19:32;王上 2:19)上给予当得的敬重;

(2) 为他们祷告感恩(提前 2:1－2);

(3) 效法他们的美德(来 13:7;腓 3:17);

(4) 甘心乐意地顺服他们合乎上帝律法的吩咐和忠告(弗 6:1－2,5－7;彼前 2:13－14;罗 13:1－5;来 13:17;箴 4:3－4;23:22;出 18:19,24);

(5) 对于他们的责备，该听从的就当听从(来 12:9;彼前 2:18－20);

(6) 根据他们的身份和地位(太 22:21;罗 13:6－7;提前 5:17－18;加 6:6;创 45:11;47:12)，忠于(多 2:9－10)、保卫(撒上 26:15－16;撒下 18:3;斯 6:2)、维护他们的人格和权威;

(7) 包容他们的软弱，并以爱心遮盖他们(彼前 2:18;箴 23:22;创 9:23)，如此就可成为他们及其治理上引以为荣的人(诗 127:3－5;箴 31:23)。

128 问:晚辈冒犯长辈的罪是什么?

答:晚辈冒犯长辈的罪是:

(1) 忽略向他们当尽的责任(太 15:4－6);

(2) 在他们合乎上帝律法的忠告(撒上 2:25)、吩咐和责备(申 21:18－21)上，嫉妒(民 11:28－29)、蔑视(撒上 8:7;赛 3:5)、反叛(撒下 15:1－12)他们(出 21:15)和他们的地位(撒上 10:27);

(3) 咒诅嘲笑(箴 30:11,17)，冥顽不化，造谣中伤，如此成为他们及其治理上贻羞致辱之人(箴 19:26)。

129 问:长辈当向晚辈尽什么责任?

答:长辈当向晚辈所尽的责任是:

(1) 根据他们从上帝所受的权柄，以及他们所处的关系，爱护晚辈(西 3:19;多 2:4)，为他们祷告(撒上 12:23;伯 1:5)，祝福他们(王上 8:55－56;来 7:7;创 49:28);教训(申 6:6－7)，劝勉，告诫(弗 6:4)他们;

(2) 行得好的，鼓励赞同(彼前 3:7)，表扬称赞(彼前

2:14;罗 13:3),予以嘉奖(斯 6:3);

(3) 行得坏的,不予认同(罗 13:3-4),予以责备,管教惩罚(箴 29:15;彼前 2:14);

(4) 对于他们灵魂(弗 6:4)和身体(提前 5:8)所必需的一切,善加保护(伯 29:12-17;赛 1:10,17),予以供应;

(5) 严肃庄重,智慧通达,惟圣惟洁,以身作则,使上帝得荣耀(提前 4:12;多 2:3-5),自己受尊重(王上 3:28),上帝所赐与的权柄得以保守(多 2:15)。

130 问:长辈易犯的罪是什么?

答:长辈易犯的罪,除了忽略他们当尽的责任之外(结 34:2-4),还包括:

(1) 专求自己的事(腓 2:21),追求自己的荣耀(约 5:44;7:18)、舒适、好处和快乐(赛 56:10-11;申 17:17);

(2) 要求晚辈去行不合乎上帝律法(但 3:4-6;徒 4:17-18),或超出他们权能之事(出 5:10-18;太 23:2,4);

(3) 对于行恶的,出谋划策(太 14:8;可 6:24),怂恿教唆(撒下 13:28),恩宠有加(撒上 3:13);

(4) 对于行善的,横加拦阻,打击士气,不予认同(约 7:46-49;西 3:21;出 5:17),责备不当(彼前 2:18-20;来 12:10;申 25:3);

(5) 粗心大意,把晚辈置于谬误、诱惑和危险之中,不管不顾(创 38:11,26;徒 18:17);激怒他们(弗 6:4);

(6) 以及任何因着不公义、不慎重、为人苛刻、疏忽职责所导致的羞辱自己、削弱自身权威之事(创 9:21;王上 12:13-16;1:6;撒上 2:29-31)。

131问:同辈之间的责任是什么?

答:同辈之间的责任是:

(1) 彼此尊重对方的尊严和价值(彼前2:17);

(2) 在他人面前把荣誉归给对方(罗12:10);

(3) 为对方的恩赐和长进而高兴欢喜,如同己有(罗12:15-16;腓2:3-4)。

132问:同辈之间易犯的罪是什么?

答:同辈之间易犯的罪,除了忽略当尽的责任之外(罗13:8),还包括:

(1) 贬低对方的价值(提后3:3);

(2) 嫉妒对方的恩赐(徒7:9;加5:26);

(3) 因对方长进兴盛而心里难受(民12:2;斯6:12-13);

(4) 篡夺对方的权柄,压制对方(约叁9;路22:24)。

133问:对于履行第五条诫命所附加的理由是什么?

答:对于履行第五条诫命所附加的理由是,"使你的日子在耶和华你上帝所赐你的地上,得以长久"(出20:12)。这是一个明确的长寿与兴盛的应许,所有遵行这一诫命的人,只要使上帝得荣耀,自己得益处,就必长寿兴盛(申5:16;王上8:25;弗6:2-3)。

六十六、第六条诫命

134问:第六条诫命是什么?

答:第六条诫命是,"不可杀人"(出20:13)。

135 问：在第六条诫命中，吩咐什么责任？

答：在第六条诫命中，吩咐我们：

(1) 用各种审慎的研究，和一切合乎上帝律法的手段，保守我们自己（弗 5:28－29）和他人（王上 18:4）的生命，抵挡各样的思想和意图（耶 26:15－16；徒 23:12，16－17，21，27），制伏一切的情绪（弗 4:26－27），避免导致不义地夺取任何人生命（撒上 24:12；26:9－11；创 37:21－22）的所有场景（撒下 2:22；申 22:8）、诱惑（太 4:6－7；箴 1:10－11，15－16）和做法；

(2) 正当地抵御暴力（诗 82:4；箴 24:11－12；撒上 14:45），耐心地接受上帝的作为（雅 5:7－11；来 12:9），追求心灵的安静（帖前 4:11；彼前 3:3－4；诗 37:8－11）、灵魂的喜乐（箴 17:22）；

(3) 适度地吃肉（箴 25:16，27），饮酒（提前 5:23），服药（赛 38:21），睡眠（诗 127:2），劳动（传 5:12；帖后 3:10，12；箴 16:26），娱乐（传 3:4，11）；

(4) 有恩惠（撒上 19:4－5；22:13－14），有爱心（罗 13:10），怜悯（路 10:33－34），谦虚，温柔，仁慈（西 3:12－13）；

(5) 言语行为，温良柔顺（雅 3:17），谦恭有节，寻求和睦（彼前 3:8－11；箴 15:1；士 8:1－3）；

(6) 凡事包容，乐意和好，恒久忍耐，饶恕伤害，以善报恶（太 5:24；弗 4:2，32；罗 12:17，20－21）；

(7) 安慰、救助受苦的人，保守、护卫无辜的人（帖前 5:14；伯 31:19－20；太 25:35－36；箴 31:8－9）。

136 问：在第六条诫命中，禁止什么罪？

答：在第六条诫命中，禁止：

(1) 以各种形式夺去我们自身(徒 16:28)和他人(创 9:6)生命的行为，除非是在公共司法(民 35:31,33)、合乎上帝律法的战争(耶 48:10；申 20)，或正当防卫中(出 22:2－3)；

(2) 忽略或不用合法的、必需的手段来保守生命(太 25:42－43；雅 2:15－16；传 6:1－2)；

(3) 不合道德的忿怒(太 5:22)、仇恨(约壹 3:15；利 19:17)、嫉妒(箴 14:30)、复仇的欲望(罗 12:19)；

(4) 一切过分的情绪(弗 4:31)、使人烦乱的忧虑(太 6:31,34)；

(5) 无节制的吃肉、饮酒(路 21:34；罗 13:13)、劳作(传 12:12；2:22－23)和娱乐(赛 5:12)；

(6) 触动怒气的言语(箴 15:1；12:18)、苦待他人(结 18:18；出 1:14)、纷扰争竞(加 5:15；箴 23:29)、击打伤害(民 35:16－18,21)，以及其他任何倾向于毁坏人生命的行为(出 21:18－36)。

六十七、第七条诫命

137 问：第七条诫命是什么？

答：第七条诫命是，“不可奸淫”(出 20:14)。

138 问：在第七条诫命中，命令什么责任？

答：在第七条诫命中，命令我们：

(1) 在身体、意念、感情(帖前 4:4；伯 31:1；林前 77:34)、言语(西 4:6)和行为(彼前 2:3)上，都要贞洁；

(2) 保守我们自身和他人的贞洁(林前 7:2,35－36)；

(3) 谨守我们的眼睛和其他所有感官(伯 31:1);

(4) 自我克制(徒 24:24－25);

(5) 与贞洁的人为伴(箴 2:16－20);

(6) 以正派衣裳为妆饰(提前 2:9);

(7) 那些没有节制恩赐的人就当结婚(林前 7:2,9);

(8) 夫妻相爱(箴 5:19－20),彼此同住(彼前 3:7);

(9) 在自己的呼召中要勤勉(箴 31:11,27－28);

(10) 抵挡诱惑,避免各种不洁的场合(箴 5:8;创 39:8－10)。

139 问:在第七条诫命中,禁止什么罪?

答:在第七条诫命中禁止的罪,除了忽略当尽的责任之外(箴 5:7),还有:

(1) 婚后的奸淫、婚前的秽行(来 13:4;加 5:19);

(2) 强奸、乱伦(撒下 13:14;林前 5:1);

(3) 同性恋,以及所有违反天性的色欲(罗 1:24,26－27;利 20:15－16);

(4) 各种不洁的想象、思想、意图和感情(太 5:28;15:19;西 3:5);

(5) 所有败坏的、肮脏的话语,连听都不要听(弗 5:3－4;箴 7:5,21－22);

(6) 淫荡的眼色(赛 3:16;彼后 2:14);

(7) 轻浮的举止,不正派的服饰(箴 7:10,13);

(8) 禁止合法的嫁娶(提前 4:3);

(9) 施行不合法的婚姻(利 18:1－21;可 6:18;玛 2:11－22);

(10) 允许、宽容、开办妓院,到妓院游玩(王上 15:12;

王下 23:7;申 23:17－18;利 19:29;耶 5:7;箴 7:24－27);

(11) 任意以独身的誓言缠累自己(太 19:10－11);

(12) 不合理地延迟结婚(林前 7:7－9;创 38:26);

(13) 多妻或多夫(玛 2:14－15;太 19:5);

(14) 不公义的离婚(玛 2:16;太 5:32),或离弃(林前 7:12－13);

(15) 懒惰、贪食、醉酒(结 16:49;箴 23:30－33);

(16) 与淫荡的人为伴(创 39:10;箴 5:8);

(17) 接触黄色歌曲、书籍、图片、舞蹈、戏剧(弗 5:4;结 23:14－17;赛 23:15－17;3:16;可 6:22;罗 13:13;彼前 4:3);

(18) 以及其他一切导致我们自身和他人不洁的刺激或行动(王下 9:30;耶 4:30;结 23:40)。

六十八、第八条诫命

140 问:第八条诫命是什么?

答:第八条诫命是,“不可偷盗”(出 20:15)。

141 问:在第八条诫命中,命令什么责任?

答:在第八条诫命中命令的责任是:

(1) 在人与人的契约和生意中要讲究诚实、守信和公平(诗 15:2,4;亚 7:4,10;8:16－17);

(2) 凡人所当得的,就给他(罗 13:7);

(3) 非法扣押正当所有人的财物,要予以赔偿(利 6:2－5;路 19:8);

(4) 根据自己的能力和他人的需要,慷慨施与、出借(路 6:30,38;约壹 3:17;弗 4:28;加 6:10);

(5) 对世上财物的判断、愿望和情感要合乎中道(提前 6:6-9;加 6:14);

(6) 对于那些供养我们肉身的东西,要审慎考虑,留心料理(提前 5:8),根据我们自身的处境,加以获取、保守、使用和处理(箴 27:23-27;传 2:24;3:12-13;提前 6:17-18;赛 38:1;太 11:8);

(7) 合乎上帝律法的职业要持守(林前 7:20;创 2:15;3:19),并要殷勤从事(弗 4:28;箴 10:4);

(8) 生活节俭(约 6:12;箴 21:20);

(9) 避免不必要的诉讼(林前 6:1-9)、担保,以及其他类似的事宜(箴 6:1-6;11:15);

(10) 努力运用一切公义的、合乎上帝律法的手段,获取、保守、增加他人以及我们自身的财富和外部产业(利 25:35;申 22:1-4;出 23:4-5;创 47:14,20;腓 2:4;太 22:39)。

142 问:在第八条诫命中,禁止什么罪行?

答:在第八条诫命中禁止的罪行是:除了忽略当尽的本分之外(雅 2:15-16;约壹 3:17),还有:

(1) 偷窃(弗 4:28);

(2) 抢劫(诗 62:10);

(3) 抢人口(提前 1:10);

(4) 接受任何窃取得来的东西(箴 29:24;诗 50:18);

(5) 欺诈性行为(帖前 4:6);

(6) 虚假的度量衡(箴 11:1;20:10);

(7) 移动地界(申 19:14;箴 23:10);

(8) 人与人之间订立契约时不公义、不守信(摩 8:5;诗

37:21);

(9) 在别人信托的事上不公义、不守信(路 16:10－12);

(10) 欺压亏负(结 22:29;利 25:17);

(11) 敲诈勒索(太 23:25;结 22:12);

(12) 行贿受贿(诗 15:5;伯 15:34);

(13) 毫无根据的诉讼(林前 6:6－8;箴 3:29－30);

(14) 非法圈地,霸占地土(赛 5:8;弥 2:2);

(15) 囤积居奇(箴 11:26);

(16) 从事不合乎上帝律法的职业(徒 19:19,24－25);

(17) 以及其他所有巧取豪夺、损人利己、违背公义、作奸犯科之事(伯 20:19;雅 5:4;箴 21:6);

(18) 贪心(路 12:15);

(19) 过分看重世上的财物(提前 6:5;西 3:2;箴 23:5;诗 62:10);

(20) 对于获取、保守、使用财物之事,忧虑小信、投机钻营(太 6:25,31,34;传 5:12);

(21) 见到他人兴盛就心怀不平(诗 73:3;37:1,7);

(22) 作工懈怠(帖后 3:11;箴 18:9),挥霍财产,赌博浪费;

(23) 以及其他所有不正当地损害我们的外部产业(箴 21:17;23:20－21;28:19),不正当地使用和享受上帝所赐给我们的产业的各种做法(传 4:8;6:2;提前 5:8)。

六十九、第九条诫命

143 问:第九条诫命是什么?

答:第九条诫命是,“不可作假见证陷害人”(出 20:

16)。

144 问：在第九条诫命中，命令什么责任？

答：在第九条诫命中，命令的责任是：

(1) 保守并增进人与人之间的诚实(亚 8:16)；

(2) 保守并增进他人和我们自身的名誉(约叁 12)；

(3) 为事实真相挺身而出(箴 31:8－9)；

(4) 在审判和公义之事(利 19:15；箴 14:5，25)上，以及在其他各种事情上，发自内心(诗 15:2)，忠心诚实(代上 19:9)，不计代价(撒上 19:4－5)，不加隐瞒(书 7:19)，不偏左右(撒下 14:18－20)，实话实说，只讲事实真相(林后 1:17－18；弗 4:25)；

(5) 以爱心尊重他人(来 6:9；林前 13:7)；

(6) 爱护他们的名誉，愿意他们有好名声，并为之欢喜(罗 1:8；约贰 4；约叁 3－4)；

(7) 为他们的软弱难过(林后 2:4；12:21)，并加以遮掩(箴 17:9；彼前 4:8)；

(8) 承认他们的恩赐和美德(林前 1:4－5，7；提后 1:4－5)；

(9) 为他们的无辜辩护(撒上 22:14)；

(10) 关于他们的好消息，愿意接受(林前 13:6－7)；坏消息，不随意苟同(诗 15:3)；

(11) 不鼓励传舌者(箴 25:23)、奉承者(箴 26:24－25)、诽谤者(诗 101:5)；

(12) 珍惜自己的名誉，并在需要的时候予以辩护(箴 22:1；约 8:49)；

(13) 遵守合乎上帝律法的誓言(诗 15:4)；

(14) 凡是真实的、诚实的、可爱的、有美名的，都要考察、遵行(腓 4:8)。

145 问：在第九条诫命中，禁止什么罪行？

答：在第九条诫命中，禁止的罪行是：

(1) 一切损害他人和我们自身诚实与名誉的事(撒上 17:28；撒下 16:3；1:9－10，15－16)，特别是在司法审判中(利 19:15；来 1:4)；

(2) 提供伪证(箴 19:5；6:16，19)；

(3) 唆使他人作假见证(徒 6:13)；

(4) 故意为邪恶之事辩护，不顾事实，夸大其辞(耶 9:3，5；徒 24:2，5；诗 12:3－4；52:1－4)；

(5) 作出不公义的判决(箴 17:15；王上 21:9－14)；

(6) 称善为恶，称恶为善；把义人当得的归于恶人，把恶人当得的归于义人(赛 5:23)；

(7) 编造谎言(诗 119:69；路 19:8；16:5－7)；

(8) 掩盖事实真相，对正义之事不当地保持沉默(利 5:1；申 13:8；徒 5:3，8－9；提后 4:6)；

(9) 对罪恶应予指责时却不仗义直言(王上 1:6；利 19:17)，也不向他人申诉(赛 59:4)；

(10) 虽说真话，却不合时宜(箴 29:11)，或心存恶意(撒上 22:9－10，比较诗 52:1－5)，或颠倒黑白，故意歪曲(诗 56:5；约 2:19，比较太 26:60－61)，或言辞含糊，模棱两可，以致损害事实或公义(创 3:5；26:7，9)；

(11) 不说真话(赛 59:13)；

(12) 说谎(利 19:11；西 3:9)；

(13) 诽谤(诗 50:20)；

(14) 谗谤(诗 15:3);

(15) 毁损(雅 4:11;耶 38:4);

(16) 搬弄是非(利 19:16);

(17) 传播谣言(罗 1:29-30);

(18) 嘲弄他人(创 21:9,比较加 4:29);

(19) 辱骂他人(林前 6:10);

(20) 轻率论断(太 7:1);

(21) 言语苛刻(徒 28:4);

(22) 论断不公(创 38:24;罗 2:1);

(23) 曲解他人的目的、言语和行动(尼 6:6-8;罗 3:8;诗 69:10;撒上 1:13-15;撒下 10:3);

(24) 油嘴滑舌(诗 12:2-3);

(25) 虚荣自夸(提后 3:2);

(26) 自高自大,高抬别人,或妄自菲薄,小看别人(路 18:9,11;罗 12:16;林前 4:6;徒 12:22;出 4:10-14);

(27) 否定来自上帝的恩赐和美德(伯 27:5-6;4:6);

(28) 吹毛求疵(太 7:3-5);

(29) 本该坦白认罪,却躲躲藏藏,寻找借口,减轻罪责(箴 28:13;30:20;创 3:12-13;耶 2:35;王下 5:25;创 4:9);

(30) 泄漏人不该泄漏的软弱(创 9:22;箴 25:9-10);

(31) 散布谣言(出 23:1);

(32) 听信谎言(箴 29:12);

(33) 掩耳不听正当的辩护(徒 7:56-57;伯 31:13-14);

(34) 妄自猜疑(林前 13:5;提前 6:4);

(35) 对别人所当得的尊荣,嫉妒恼怒(民 11:29;太

21:15),妄图予以削弱、损害(拉 4:12－13),别人蒙羞受辱,则高兴欢喜(耶 48:27);

(36) 蔑视别人,加以戏弄(诗 35:15－16,21;太 27:28－29);

(37) 谄媚他人(犹 16;徒 12:22);

(38) 违背合乎上帝律法的诺言(罗 1:31;提后 3:3);

(39) 对关涉美名之事,漫不经心(撒上 2:24);

(40) 对招致臭名之事,则去亲自践行,或不加回避,或未尽力拦阻他人(撒下 13:12－13;箴 5:8－9;6:33)。

七十、第十条诫命

146 问:第十条诫命是什么?

答:第十条诫命是,“不可贪恋人的房屋;也不可贪恋人的妻子、仆婢、牛驴,并他一切所有的”(出 20:17)。

147 问:在第十条诫命中,命令什么责任?

答:在第十条诫命中,命令的责任是:

(1) 对我们自己的境况完全知足(来 13:5;提前 6:6);

(2) 用正直仁爱的精神对待我们的邻舍,以致于我们关乎他人的一切动机和情感,都是以促进他人的益处为念(伯 31:29;罗 12:15;诗 122:7－9;提前 1:5;斯 10:3;林前 13:4－7)。

148 问:在第十条诫命中,禁止什么罪行?

答:在第十条诫命中,禁止的罪行是:

(1) 对自己的现状不满(王上 21:4;斯 5:13;林前 10:10);

(2) 对邻舍的善况嫉妒(加 5:26;雅 3:14,16)、难受(诗 112:9－10;尼 2:10);

(3) 并对他所拥有的产生贪心邪情(罗 7:7－8;13:9;西 3:5;申 5:21)。

七十一、人无力全守诫命

149 问:人能全守上帝的诫命吗?

答:不管是靠自己(雅 3:2;约 15:5;罗 8:3),还是靠今生所领受的任何恩典,均无人能全守上帝的诫命(传 7:20;约壹 1:8,10;加 5:17;罗 7:18－19);反倒天天在心思(创 6:5;8:21)、言语和行为(罗 3:9－19;雅 3:2－13)上,违背上帝的诫命。

七十二、罪的程度

150 问:一切违反上帝律法的事,就其本身,并在上帝的眼中,都是同样可憎吗?

答:一切违背上帝律法的事,不都是同样可憎的;相反,有些罪就其本身,并因某些加重情节,在上帝的眼中,比别的罪更为可憎(约 19:11;结 8:6,13,15;约壹 5:16;诗 78:17,32,56)。

151 问:那些使某些罪加重,比其他罪更可憎的情节是什么?

答:罪的加重情节有:

(1) 与犯罪之人有关的(耶 2:8):他们的年龄越大(伯 32:7,9;传 4:13),或经验越丰富,或所领受的恩典越多(王上 11:4,9),在见证(撒下 12:14;林前 5:1)、恩赐(雅 4:17;

路12:47-48)、地位(耶5:4-5)、职分(撒下12:7-9;结8:11-12)上,众所周知,为人师表(罗2:17-24),是其他人所效法的榜样(加2:11-14);

(2)与被侵害者有关的(太21:38-39):直接冒犯上帝(撒上2:25;徒5:4;诗51:4)、祂的属性(罗2:4)和敬拜(玛1:8,14);直接冒犯基督和祂的恩典(来2:2-3;12:25);直接冒犯圣灵(来10:29;太12:31-32)、祂的见证(弗4:30)和工作(来6:4-6);直接冒犯尊长、处于尊位之人(犹8;民12:8-9;赛3:5),以及和我们有特别关系与责任的人(箴30:17;林后12:15;诗55:12-15);直接冒犯圣徒(番2:8,10-11;太18:6;林前6:8;启17:6),特别是那些软弱的弟兄(林前8:11-12;罗14:13,15,21),冒犯他们或其他任何人的灵魂(结13:19;林前8:12;启18:12-13;太23:15),以及伤害所有人或许多人的共同利益(帖前2:15-16;书22:20);

(3)与犯罪性质有关的(箴6:30-33):直接违反律法的明确内容(拉9:10-12;王上11:9-10),违背多条诫命,本身包含诸多罪(西3:5;提前6:10;箴5:8-12;6:32-33;书7:21);不仅心中图谋,还在言语行为上(雅1:14-15;太5:22;弥2:1),绊倒他人(太18:7;罗2:23-24),并且不予补偿(申22:22,28-29;箴6:32-35);不顾蒙恩之道(太11:21-24;约15:22)、怜悯(赛1:3;申32:6)、审判(摩4:8-11;耶5:3)、自然之光(罗1:26-27)、良心责备(罗1:32;但5:22;多3:10-11)、公开或私下的劝诫(箴29:1)、教会的劝惩(多3:10;太18:17)、国家的审判(箴27:22;23:35);蓄意(诗36:4)、故意(耶6:16)、任意(民15:30;出21:14)、无耻(耶3:3;箴7:13)、自夸(诗52:1)、恶意(约叁

10)、屡次(民 14:22)、顽固(亚 7:11－12)地违背我们的祷告、决心、允诺(诗 78:34－37;耶 2:20;42:5－6,20－21)、许愿(传 5:4－6;箴 20:25)、立约(利 26:25)、与上帝或他人的约定(箴 2:17;结 17:18－19);在悔改之后,故态复萌(耶 34:8－11;彼后 2:20－22),仍然是欢喜作恶(箴 2:14),继续犯罪(赛 57:17);

(4) 与犯罪时间(王下 5:26)和地点(耶 7:10;赛 26:10)有关的:在主日(结 23:37－39),或其他敬拜上帝的时间(赛 58:3－5;民 25:6－7),或恰在此前(林前 11:20－21),或恰在此后(耶 7:8－10;箴 7:14－15;约 13:27,30),或不顾拦阻、纠正此类失败的帮助(拉 9:13－14);或在公共场所,或有他人在场,使其受到刺激或玷污(撒下 16:22;撒上 2:22－24)。

七十三、惩罚与逃避

152 问:在上帝的手中,每一次犯罪该受什么处罚?

答:每一次犯罪,哪怕是最小的犯罪,都是冒犯上帝的主权(雅 2:10－11)、良善(出 20:1－2)和圣洁(哈 1:13;利 10:3;11:44－45),冒犯上帝公义的律法(约壹 3:4;罗 7:12),当在今生(哀 3:39;申 28:15－68)和来世(太 25:41)受祂的忿怒和咒诅(弗 5:6;加 3:10);不靠基督的宝血,就无法得以补偿(来 9:22;彼前 1:18－19)。

153 问:为叫我们可以逃避那因违背律法而当受的烈怒和咒诅,上帝要我们怎样行?

答:为叫我们可以逃避那因违背律法而当受的烈怒和咒诅,上帝要我们向祂悔改,归信耶稣基督(徒 20:21;太 3:

7－8;路13:3,5;徒16:30－31;约3:16,18),并且殷勤使用那些基督藉以把祂中保的恩惠传递给我们的外部工具(箴2:1－5;8:33－36)。

七十四、蒙恩之道

154问:基督把祂中保的恩惠传给我们,所凭借的外部工具是什么?

答:基督把祂中保的恩惠传给我们,所凭借的外部的普通工具是祂所有的蒙恩之道,特别是圣经、圣礼和祷告;祂叫这一切在选民身上生发效力,使他们得救(太28:19－20;徒2:42,46－47)。

七十五、圣经与蒙恩之道

155问:圣经怎样生发效力,使人得救呢?

答:圣灵使读经,尤其是讲道,成为有效的蒙恩之道:

(1)启迪罪人(尼8:8;徒26:18;诗19:8),使其知罪谦卑(林前14:24－25;代下34:18－19,26－28);

(2)驱使他们脱离自我,吸引他们归向基督(徒2:37,41;8:27－39);

(3)使他们合乎祂的形状(林后3:18),征服他们,使其顺服祂的旨意(林后10:4－6;罗6:17);

(4)坚固他们,抵挡各样的试探和败坏(太4:4,7,10;弗6:16－17;诗19:11;林前10:11);

(5)在恩典中把他们建造起来(徒20:32;提后3:15－17),使他们的心藉信得救,成为圣洁,得着安慰(罗16:25;帖前3:2,10－11,13;罗15:4;10:13－17;1:6)。

七十六、读经

156 问：是不是所有的人都要读经？

答：尽管并不是所有的人都可以公开向会众读经（申 31：9，11－13；尼 8：2－3；9：3－5），但各种人都应阅读圣经（申 17：19；启 1：3；约 5：39；赛 34：16），既要自己阅读，也当与自己的家人一起阅读（申 6：6－9；创 18：17，19；诗 78：5－7）；为了达成这一目的，要把圣经从原文翻译成各民族通用的语言（林前 14：6，9，11－12，15－16，24，27－28）。

157 问：应当如何读经？

答：应当：

（1）以高度的敬畏之心读经（诗 19：10；尼 8：3－10；出 24：7；代下 34：27；赛 66：2）；

（2）确信圣经就是上帝的话（彼前 1：19－21），而且唯独上帝能使我们明白圣经（路 24：45；林后 3：13－16）；

（3）愿意认识、相信、顺服上帝显明在圣经中的旨意（申 17：19－20）；

（4）殷勤查考（徒 17：11），留意圣经的内容和范围（徒 8：30，34；路 10：26－28）；

（5）并用默想（诗 1：2；119：97）、应用（代下 34：21）、舍己（箴 3：5；申 33：3）、祷告（箴 2：1－6；诗 119：18；尼 8：6，8）之法读经。

七十七、讲道

158 问：谁可以讲道呢？

答：讲道之人必须合乎以下资质：

（1）具备充分的恩赐（提前 3：2，6；弗 4：8－11；何 4：6；

玛 2:7;林后 3:6);

(2) 得到适当的认可,蒙召从事这一职分(耶 14:15;罗 10:15;来 5:4;林前 12:28－29;提前 3:10;4:14;5:22)。

159 问:蒙召传讲上帝圣言的人应当如何讲道?

答:蒙召传讲上帝圣言的人,应当:

(1) 传讲纯正的教义(多 2:1,8),殷勤作工(徒 18:25),无论得时不得时,总要专心(提后 4:2);

(2) 表达清楚(林前 14:19),不用人智慧委婉的言语,乃是用圣灵和大能的明证(林前 2:4),忠心地把上帝各样的旨意传讲全备(徒 20:27);

(3) 根据听众的需要和能力,用诸般的智慧(西 1:28;提后 2:15),把上帝的话应用在他们身上(林前 3:2;来 5:12－14;路 12:42);

(4) 心里火热(徒 18:25),爱上帝(林后 5:13－14;腓 1:15－17),爱上帝的子民(西 4:12;林后 12:15);

(5) 诚诚实实(林后 2:17;4:2),目的在于使上帝得荣耀(帖前 2:4－6;约 7:18),使上帝的子民悔改归正(林前 9:19－22),得造就(林后 12:19;弗 4:12),得救恩(提前 4:16;徒 26:16－18)。

七十八、听道

160 问:对听道的人有什么要求?

答:那些听道的人,应当:

(1) 以勤勉(箴 8:34)、预备(彼前 2:1－2;路 8:18)和祷告(诗 119:18;弗 6:18－19)之心来听道;

(2) 对于所听到的内容要考查圣经(徒 17:11);

(3) 以信心(来 4:2)、爱心(帖后 2:10)、谦卑(雅 1:21)和愿意的心(徒 17:11),把所听到的真理作为上帝之道予以领受(帖前 2:13);

(4) 默想(路 9:44;来 2:1),谈论(路 24:14;申 6:6-7);

(5) 藏在心里(箴 2:1;诗 119:11);

(6) 并在自己的生命中结出果子来(路 8:15;雅 1:25)。

七十九、圣礼与蒙恩之道

161 问:圣礼怎样成为救赎的有效工具呢?

答:圣礼成为救赎的有效工具,并非因其本身有什么权能,也不是因为源自施行者的敬虔或动机而发出的力量,而是唯独因着圣灵的运行和基督的祝福,祂是圣礼的设立者(彼前 3:21;徒 8:13,比较徒 8:23;林前 3:6-7;12:13)。

162 问:圣礼是什么?

答:圣礼是基督在其教会中所设立的神圣的蒙恩之道(创 17:7,10;出 12;太 28:19;26:26-28),向那些在恩典之约中的人(罗 15:8;出 12:48),

(1) 象征、印证、表明(罗 4:11;林前 11:24-25)祂中保的恩惠(徒 2:38;林前 10:16);

(2) 坚固、增强他们的信心,以及其他各样的美德(罗 4:11;加 3:27);

(3) 要求他们顺服(罗 6:3-4;林前 10:21);

(4) 见证、珍惜他们彼此之间的爱心和交通(弗 4:2-5;林前 12:13);

(5) 并使他们与那些不得参与的人分别出来(弗 2:11－12;创 34:14)。

163 问:圣礼有哪几方面?

答:圣礼有两方面,

(1) 一方面是外在的有形的记号,是根据基督的吩咐而使用的;

(2) 另一方面是其所象征的内在属灵的恩惠(太 3:11;彼前 3:21;罗 2:28－29)。

164 问:在新约时代,基督在其教会中设立了多少圣礼?

答:在新约时代,基督在其教会中只设立了两大圣礼:一是洗礼,一是圣餐(太 28:19;林前 11:23;太 26:26－28)。

八十、洗礼

165 问:洗礼是什么?

答:洗礼是新约的圣礼。基督吩咐奉圣父、圣子、圣灵的名为人用水施洗(太 28:19),

(1) 作为与基督联合(加 3:27),因着祂的宝血罪得赦免(可 1:4;启 1:5),因着祂的圣灵而重生(多 3:5;弗 5:26)的标记与印证;

(2) 也是得儿子的名分(加 3:26－27),复活得永生(林前 15:29;罗 6:5)的标记与印证;

(3) 由此受洗者庄严地归入有形教会(林前 12:13),公开立约,认主为主,全人归主,且唯独属主(罗 6:4)。

166 问：应当为谁施洗？

答：(1)对那些处于有形教会之外，在应许之约上是局外人者，直到他们公开承认归信基督，并愿顺服祂，才可为他们施洗(徒 8:36－38)；

(2) 若父母双方，或其中一方，已公开承认归信基督并愿顺服祂，则其婴孩亦在恩约之内，应予施洗(创 17:7,9，比较加 3:9,14；西 2:11－12；徒 2:38－39；罗 4:11－12；林前 7:14；太 28:19；路 18:15－16；罗 11:16)。

167 问：如何使我们的洗礼更加有效呢？

答：要使我们洗礼更加有效，是人人常常忽视的当尽的责任，是我们一生一世都当履行的事，特别是在受试探的时候，当我们出席他人洗礼的时候，更当如此(西 2:11－12；罗 6:4,6,11)。使我们的洗礼更加有效的方法就是：

(1) 以感恩的心认真地思考洗礼的性质，基督设立洗礼的目的，洗礼所施与并印证的特权和恩惠，以及我们受洗时所发的庄重誓言(罗 6:3－5)；

(2) 要因我们的罪污，对洗礼之恩和承诺的亏负、背离而谦卑下来(林前 1:11－13；罗 6:2－3)；

(3) 逐渐确信罪已蒙赦，以及其他在洗礼中所印证的各样福分(罗 4:11－12；彼前 3:21)；

(4) 从基督的受死与复活中吸取力量，我们受洗是归入祂，为要我们治死罪，在恩典里苏醒(罗 6:3－5)；

(5) 努力靠信心生活(加 3:26－27)，行事为人圣洁公义(罗 6:22)，正如那些在洗礼中把自己的名字交托给基督的人一样(徒 2:38)；

(6) 弟兄姊妹彼此相爱，因为我们由同一圣灵受洗，归入同一身体(林前 12:13,25－27)。

八十一、圣餐

168 问:圣餐是什么?

答:圣餐是新约的圣礼。我们在其中照耶稣基督的吩咐,分发并领受饼酒,祂的受死在其中显明出来(路 22:20)。

(1) 那些按理领受的人吃喝祂的体与血,得属灵的滋养,在恩典中长进(太 26:26－28;林前 11:23－26);

(2) 他们与基督的联合和交通得以坚固(林前 10:16);

(3) 作为奥秘身体的肢体,他们的感恩(林前 11:24)、与上帝的圣约(林前 10:14－16,21)、彼此之间的爱与团契,都得以见证并更新(林前 10:17)。

169 问:基督如何指定在圣餐中分发饼酒?

答:基督指定牧者,在施行圣餐这一圣礼之中,藉着宣读设立圣餐的话,感恩,并祷告,把饼酒从通常的用途中分别出来;拿起饼来,擘开,把饼与酒都分发给领受者,他们也同样根据基督的吩咐,拿起饼来吃下,再喝那酒,以感恩的心记念基督的身体为他们而舍,基督的宝血为他们而流(林前 11:23－24;太 26:26－28;可 14:22－24;路 22:19－20)。

170 问:在圣餐中,那些按理领受的人如何吃喝基督的体与血呢?

答:在圣餐中,

(1) 基督的体与血并非属物质地或属肉体地临在于饼酒之中,也不是与饼酒同在,也不是在饼酒之下(徒 3:21);

(2) 而是对于领受者的信心而言，有属灵的临在，这种临在的真实性正如饼酒本身对于他们的外部感官的真实性一样(太 26:26,28)；

(3) 所以，那些在圣餐中按理领受的人，确实在其中吃喝基督的体与血，并不是以物质的属肉体的方式，而是以属灵的方式；

(4) 他们虽是藉着信心，却也是真实地(林前 11:24-29)领受钉十字架的基督，以及祂受死的一切恩惠，并运用在自己的生活中(林前 10:16)。

171 问：在来领受圣餐之前，那些来领受的人应当怎样预备自己？

答：在来领受圣餐之前，那些来领受的人，

(1) 应当省察自己(林前 11:28)是否在基督里面(林后 13:5)；

(2) 省察自己的罪和亏欠(林前 5:7，比较出 12:15)；

(3) 省察自己的知识(林前 11:29)、信心(林前 13:5；太 26:28)和悔改(亚 12:10；林前 11:31)的真实性和程度；

(4) 省察自己对上帝的爱，对弟兄的爱(林前 10:16-17；徒 2:46-47)，对众人的爱(林前 5:8；11:18,20)，是否饶恕了那些得罪自己的人(太 5:23-24)；

(5) 省察自己是否渴慕基督(赛 55:1；约 7:37)；

(6) 省察自己是否有新顺服(林前 5:7-8)；

(7) 重新操练这些美德(林前 11:25-26,28；来 10:21,22,24；诗 26:6)，认真默想(林前 11:24-25)，恒切祷告(代下 30:18-19；太 26:26)。

172 问：怀疑自己不在基督里，或者怀疑自己没有作好正当的预备，这样的人可以来领受圣餐吗？

答：怀疑自己不在基督里，或者怀疑自己没有为领受圣餐作好正当的预备，

（1）这样的人或许是真的与基督有分，虽然他们对此还没有达到确信（赛 1:10；约壹 5:13；诗 88；77:1－12；拿 2:4，7）；

（2）如果他们真的是出于此种忧虑而受到影响（赛 54:7－10；太 5:3－4；诗 31:22；73:13，22－23），确实渴慕自己是在基督里（腓 3:8－9；诗 10:17；42:1－2，5，11），并愿意脱离罪恶（提后 2:19；赛 50:10；诗 66:18－20），那么，上帝就看他的确与基督有分；

（3）而且，因为上帝的应许，以及祂设立这一圣礼的目的，就是要宽慰软弱有疑心的基督徒（赛 40:11，29，31；太 11:28；12:20；26:28）；

（4）所以，在这种情况下，他要为自己的不信悲伤（可 9:24），努力消除自己的怀疑（徒 2:37；16:30）；

（5）这样做之后，他可以并应当参加圣餐，使自己得以坚固（罗 4:11；林前 11:28）。

173 问：是不是所有公开承认信仰，并想参加圣餐的人，都可参加呢？

答：尽管公开认信，却对真道无知妄解，肆意犯罪，这样的人，虽想参加圣餐，但教会根据基督赐给的权柄，可以并应当禁止他们参加圣餐（林前 11:27－31，比较太 7:6；林前 5；犹 23；提前 5:22），直到他们接受教训，有生命改变为止（林后 2:7）。

174 问：在圣餐这一圣礼施行的时候，对那些领受的人有什么要求？

答：那些领受圣餐的人，在圣餐施行期间，

(1) 要有至圣的敬畏之心，集中注意力，在这一蒙恩之道中等候上帝(利 10:3；来 12:28；诗 5:7；林前 11:17,26－27)；

(2) 殷勤注视饼酒，并谨守圣餐的每一细节(出 24:8，比较太 26:28)；

(3) 留心分辨主的身体(林前 11:29)；

(4) 存爱心默想基督的受死和受苦(路 22:19)；

(5) 由此激励自己，更加坚定地行出各样的美德(林前 11:26；10:3－5,11,14)；

(6) 省察自己(林前 11:31)，为罪忧伤(亚 12:10)；

(7) 切切地渴慕基督(启 22:17)，藉着信心吃喝祂(约 6:35)，领受祂的丰盛(约 1:16)，信靠祂的功德(腓 3:9)，在祂的大爱中欢喜(诗 63:4－5；代下 30:21)，感谢祂的恩典(诗 22:26)；

(8) 更新他们与上帝的圣约(耶 50:5；诗 50:5)，并更新对众圣徒的爱(徒 2:42)。

175 问：在领受圣餐之后，基督徒有什么责任？

答：在领受圣餐之后，基督徒有责任认真地思考：

(1) 他们在领受圣餐时是怎样行的，是否得到益处(诗 28:7；85:8；林前 11:17,30－31)；

(2) 若是得到鼓励和安慰，就要为此而赞美上帝(代下 30:21－23,25－26；徒 2:42,46－47)，求上帝继续施恩(诗 36:10；歌 3:4；代上 29:18)，保持警醒，免得退步(林前 10:

3－5,12),完成自己所许的愿(诗 50:14),勉励自己常常参加圣餐(林前 11:25－26;徒 2:42,46);

(3) 如果发现未得到什么恩惠,就要更加仔细地省察自己对圣餐的预备,和参加圣餐时的举动(歌 5:1－6;传 5:1－6);

(4) 在这两种情况下,如果他们对得起上帝和自己的良知,就当等待,在所定的时候,必得着其中的果子(诗 123:1－2;42:5,8;43:3－5);

(5) 但是,如果他们在某个方面没有做到,就当谦卑下来(代下 30:18－19;赛 1:16,18),并在以后的日子更加慎重、殷勤地参加圣餐(林后 7:11;代上 15:12－14)。

八十二、洗礼与圣餐的异同

176 问:洗礼和圣餐有什么共同的地方?

答:洗礼和圣餐的共同之处在于:

(1) 二者都是由上帝设立的(太 28:19;林前 11:23);

(2) 其属灵的方面都是基督和祂的恩惠(罗 6:3－4;林前 10:16);

(3) 都是同一恩典之约的印记(罗 4:11,比较西 2:12;太 26:27－28);

(4) 都由牧者施行,其他任何人都不得施行(约 1:33;太 28:19;林前 11:23;林前 4:1;来 5:4);

(5) 都要在基督的教会中一直延续下去,直到祂再来(太 28:19－20;林前 11:26)。

177 问:洗礼和圣餐有何不同之处?

答:洗礼和圣餐的不同之处在于:

(1) 洗礼只施行一次，是用水施洗，作为我们重生并与基督联合的标记和印证(太 3:11;多 3:5;加 3:27)，并且对婴儿来说也是如此(创 17:7,9;徒 2:38－39;林前 7:14);

(2) 圣餐则是经常施行的，是用饼与酒，来代表并显明基督就是灵魂属灵的滋养(林前 11:23－26)，坚固我们在祂里面继续成长(林前 10:16)，并且只有年龄和能力达到能够自我省察的人才可领受(林前 11:28－29)。

八十三、祷告与蒙恩之道

178 问:祷告是什么?

答:祷告就是:

(1) 奉基督之名(约 16:23);

(2) 藉着圣灵的帮助(罗 8:26);

(3) 把我们的愿望呈给上帝(诗 62:8);

(4) 承认我们的罪(诗 32:5－6;但 9:4);

(5) 并以感恩的心承认祂的怜悯(腓 4:6)。

八十四、当向谁祷告

179 问:我们只当向上帝祷告吗?

答:是的。

(1) 唯独上帝鉴察人心(王上 8:39;徒 1:24;罗 8:27)，垂听呼求(诗 65:2)，赦免诸罪(弥 7:18)，并满足众人各样的心愿(诗 145:18－19);

(2) 并且唯独上帝是可信的(罗 10:14)，唯独祂值得崇拜(太 4:10);

(3) 因为祷告也是崇拜的一个特别部分(林前 1:2)，所以，只可向祂祷告(诗 50:15)，不可向其他任何存在者祷告

(罗 10:14)。

八十五、当奉谁的名祷告

180 问:"奉基督的名祷告"是什么意思?

答:"奉基督的名祷告"就是:

(1) 为了顺服祂的吩咐,因为确信祂的应许,就为基督的缘故请求怜悯(约 14:13-14;16:24;但 9:17);

(2) 不是空空地提及祂的名字(太 7:21),而是从基督和祂中保的职分,得鼓励去祷告,并在祷告时,从中得勇气,得力量,得祷告蒙悦纳的盼望(来 4:14-16;约壹 5:13-15)。

181 问:为什么我们要奉基督的名祷告?

答:(1)因为人的罪性,以及因此而导致的与上帝的疏离,是如此之大,不借助一位中保,我们就无法来到上帝的面前(约 14:6;赛 59:2;弗 3:12);

(2) 这一荣耀的工作,除了基督之外,天上地下无人担任,无人适合(约 6:27;来 7:25-27;提前 2:5)。所以,我们不可奉任何人的名字祷告,而是唯独奉祂的名祷告(西 3:17;来 13:15)。

八十六、圣灵帮助我们祷告

182 问:圣灵怎样帮助我们祷告?

答:(1)我们本不晓得当怎样祷告,圣灵帮助我们的软弱,使我们能够明白为谁祷告,祷告什么,如何祷告;

(2) 祂又在我们的心中运行,使我们的心灵苏醒(虽然程度并不是在所有人的心中,在所有的时候都是一样),使我们有完成这一本分所需要的悟性、感情和美德(罗 8:26－27;诗 10:17;亚 12:10)。

八十七、当为谁祷告

183 问:我们当为谁祷告?

答:我们当:

(1) 为基督在地上的整个教会祷告(弗 6:18;诗28:9);

(2) 为公民政府的长官(提前 2:1－2),为牧者(西 4:3)祷告;

(3) 为我们自己(创 32:11),为我们的弟兄(雅 5:16),也为我们的敌人祷告(太 5:44);

(4) 为各种活着的人(提前 2:1－2),也为将要来到这个世界的人祷告(约 17:20;撒下 7:29);

(5) 但是,不可为死人祷告(撒下 12:21－23),也不可为那些已经知道犯了致于死的罪的人祷告(约壹 5:16)。

八十八、当为何事祷告

184 问:我们当为何事祷告?

答:我们当为一切使上帝得荣耀(太 6:9),教会得益处(诗 51:18;122:6),我们自身(太 7:11)或他人(诗 125:4)得益处的事祷告;但不应为违背上帝律法的事祷告(约壹 5:14)。

八十九、当怎样祷告

185 问:我们当怎样祷告?

答:我们祷告时,

(1) 要深深晓得上帝的威严(传 5:1);

(2) 深深明了自己的不配(创 18:27;32:10)、需要(路 15:17-19)和罪过(路 18:13-14);

(3) 要以悔改的心(诗 51:17)、感恩的心(腓 4:6)、宽广的心(撒上 1:15;2:1)祷告;

(4) 要以悟性(林前 14:15)、信心(可 11:24;雅 1:6)祷告,真诚(诗 145:18;17:1)、恳切(雅 5:16),有爱心(提前 2:8),有恒心(弗 6:18);等候上帝(弥 7:7),并谦卑地降服于祂的旨意之下(太 26:39)。

九十、祷告的准则

186 问:为要尽祷告的本分,上帝赐给了我们什么准则?

答:(1) 上帝所有的圣言都是用于指导我们尽祷告本分的(约壹 5:14);

(2) 特别的指导准则,则是我们的救主基督教导门徒祷告时所用的祷告形式,亦即通常所称的主祷文(太 6:9-13;路 11:2-4)。

187 问:如何使用主祷文?

答:(1)主祷文不仅有指导作用,它作为一个祷告的模式,我们可以依此作其他的祷告;

(2) 它本身也可作为一个祷告来使用,只要以悟性、信心、敬畏和其他所必需的美德,来正确地尽祷告的本分,就可以如此地祷告(太 6:9,比较路 11:2)。

188 问:主祷文分几个部分?

答:主祷文分三个部分:序言、祈求和结束。

九十一、主祷文的序言

189 问：主祷文的序言教训我们什么？

答：主祷文的序言是，“我们在天上的父”（太 6:9）。这教训我们，

(1) 当祷告的时候，我们要就近上帝，确信祂父般的慈爱，而且我们与祂这种慈爱有分（路 11:13；罗 8:15）；

(2) 要有敬畏之心，以及其他各种孩子般的性情（赛 64:9）、属天的情感（诗 123:1；哀 3:41），并对祂的主权、威严和恩惠的临在有正确的认识（赛 63:15－16；尼 1:4－6）；

(3) 同时，也教训我们要与他人一起祷告，并为他人祷告（徒 12:5）。

九十二、主祷文六大祈求

190 问：我们在第一祈求中求什么？

答：我们在第一祈求“愿人都尊祢的名为圣”（太 6:9）中，承认我们自身以及其他所有的人，既没有能力，也不愿意正确地荣耀上帝（林后 3:5；诗 51:15），因此我们，

(1) 祈求上帝，藉着祂的恩典使我们和他人都能够并且喜欢认识、承认、并高度尊崇祂（诗 67:2－3）、祂的尊称（诗 83:18）、属性（诗 86:10－13,15）、蒙恩之道、话语（帖后 3:1；诗 147:19－20；138:1－3；林后 2:14－15）和作为，以及祂乐意用于显明自身的一切（诗 145;8）；

(2) 为了使我们能够在心思、言语（诗 103:1；19:14）、行为（腓 1:9,11）上荣耀祂，求祂拦阻、消除无神论（诗 67:1－4）、无知（弗 1:17－18）、偶像崇拜（诗 97:7）、亵渎（诗 74:18,22－23），以及一切不荣耀祂的事（王下 19:15－16）；

(3) 并求祂藉其统管万有的护理,引导并安排万事,使祂自己得荣耀(代下 20:6,10 - 12;诗 83;140:4,8)。

191 问:我们在第二祈求中求什么?

答:我们在第二祈求“愿祢的国降临”(太 6:10)中,承认我们自身和全人类生来都处在罪恶和撒但的辖制之下(弗 2:2 - 3),因此我们,

(1) 祈求上帝使罪恶和撒但的国度毁灭(诗 68:1,18;启 12:10 - 11),福音在全世界得以广传(帖后 3:1),犹太人被呼召(罗 10:1),外邦人的数目添满了(约 17:9,20;罗 11:25 - 26;诗 67);

(2) 祈求上帝使教会装备有各样的圣职人员和蒙恩之道(太 9:38;帖后 3:1),清除一切的腐败(太 1:11;番 3:9),得到公民政府的支持和保护(提前 2:1 - 2);

(3) 祈求上帝使基督的蒙恩之道得以纯正地施行,有效地使那些仍在罪中的人悔改归正,使那些已经悔改归正的人得坚固、安慰和建造(徒 4:29 - 30;弗 6:18 - 20;罗 15:29 - 30,32;帖后 1:11;2:16 - 17);

(4) 祈求上帝使基督此时此地就在我们的心中掌权(弗 3:14 - 20),使祂的再来,以及我们与祂一同永远作王快快临到(启 22:20);

(5) 祈求祂按自己的美意在世上行使祂的权柄,尽善尽美地成就这些目的(赛 64:1 - 2;启 4:8 - 11)。

192 问:我们在第三祈求中求什么?

答:我们在第三祈求“愿祢的旨意行在地上,如同行在天上”(太 6:10)中,承认我们和所有的人,天生就完全不能

也不愿意认识并遵行上帝的旨意(罗 7:18;伯 21:14;林前 2:14),而且倾向于悖逆祂的圣言(罗 8:7),对上帝的护理牢骚满腹(出 17:7;民 14:2),一心想成就肉体和魔鬼的旨意(弗 2:2),所以我们祷告,

(1) 祈求上帝藉着祂的圣灵,除掉我们自身和他人的所有盲目(弗 1:17 - 18)、软弱(弗 3:16)、不情愿(太 26:40 - 41),和心灵的悖逆(耶 31:18 - 19);

(2) 祈求上帝藉着祂的恩典,使我们能够并且愿意在所有的事情上(诗 119:1,8,35 - 36;徒 21:14),都如天使在天上所作的那样(赛 6:2 - 3;诗 103:20 - 21;太 18:10),谦卑(弥 6:8)、喜乐(诗 100:2;伯 1:21;撒下 15:25 - 26)、诚实(赛 38:3)、勤勉(诗 119:4 - 5)、热情(罗 12:11)、真诚(诗 119:80)、持久(诗 119:112)地去认识、遵行、顺服上帝的旨意。

193 问:我们在第四祈求中求什么?

答:在第四祈求"我们日用的饮食,今日赐给我们"(太 6:11)中,我们承认在亚当里,并因着我们自己的罪,丧失了享用今生所有外界福分的权利,这些权利理当被上帝全部剥夺,而且我们在享用这些外界福分时,它们对我们而言都当成为受咒诅的东西(创 2:17;3:17;罗 8:20 - 22;耶 5:25;申 28:15 - 68);它们本身并不能维系我们的生命(申 8:3),我们自己也无功劳可居(创 32:10),而且靠我们自己的辛劳也无法取得它们(申 8:17 - 18);但我们都倾向于违背上帝的律法,追求(耶 6:13;可 7:21 - 22)、获取(何 12:7)、享用这些福分(雅 4:3);因此我们为我们自身和他人祷告:

(1) 求上帝使他们和我们等候上帝的护理,天天用合

乎上帝律法的手段，靠祂白白的恩赐，按祂父般的智慧所看为最合适的，享受足够的福分（创 43:12－14；创 28:20；弗 4:28；帖后 3:11－12；腓 4:6）；

（2）求上帝继续如此地祝福我们，使我们藉着圣洁，舒适地享用这些福分（提前 4:3－5），并有知足之心而得福（提前 6:6－8）；

（3）求上帝使我们离开一切不利于今生养身和舒适的事物（箴 30:8－9）。

194 问：我们在第五祈求中求什么？

答：在第五祈求"免我们的债，如同我们免了人的债"（太 6:12）中，我们承认我们和其他所有人都有原罪和本罪的罪咎，因此对上帝的公义欠了债，而且不管是我们自己，还是其他任何受造物，都丝毫不能补偿此债（罗 3:9－22；太 18:24－25；诗 130:3－4）；因此，我们为我们自身和他人祷告，

（1）祈求上帝出于祂白白的恩典，藉着基督的顺服和补偿，由信心领悟并应用，免除罪给我们带来的罪咎和惩罚（罗 3:24－26；来 9:22），在祂的爱子中接纳我们（弗 1:6－7）；

（2）并祈求上帝继续恩待我们（彼后 1:2），饶恕我们天天的失败（何 14:2；耶 14:7），用平安和喜乐充满我们，天天赐给我们更大的罪得赦免的确信（罗 15:13；诗 51:7－10，12）；

（3）当我们内心拥有此种印证，发自内心地饶恕他人的过犯时（路 11:4；太 6:14－15；太 18:35），圣经就鼓励我们这样祈求，并鼓励我们如此期望。

195 问：我们在第六祈求中求什么？

答：在第六祈求"不叫我们遇见试探，救我们脱离凶恶"（太 6:13）中，我们承认，至智、至义、至慈的上帝，为了各种圣洁与公义的目的，或许吩咐万有，使我们受打击，遭挫折，一时陷于试探之中（代下 32:31）；撒但（代上 21:1）、世界（路 21:34；可 4:19）和肉体，时刻准备用力把我们拉到一边，陷害我们（雅 1:14）；即使在我们罪得赦免之后，由于我们自身的败坏（加 5:17）、软弱，不够警醒（太 26:41），不仅易受试探，动辄就把自己暴露于试探之下（太 26:69 – 72；加 2:11 – 14；代下 18:3，比较代下 19:2），而且我们自身没有能力，也不愿意抵挡试探，脱离试探，善用试探（罗 7:23 – 24；代上 21:1 – 4；代下 16:7 – 10）；理当被弃置于试探的权势之下（诗 81:11 – 12）。所以，我们祷告，

(1) 祈求上帝制伏世界和其中的一切（约 17:15），征服肉体（诗 51:10；119:133），遏制撒但（林后 12:7 – 8），治理万有（林前 10:12 – 13），赐下并祝福各样蒙恩之道（来 13:20 – 21），激励我们警醒善用，使我们和祂一切的子民，藉着祂的护理蒙保守，不至受试探犯罪（太 26:41；诗 19:13）；

(2) 即使受到试探，也求主藉着祂的圣灵使我们得到强有力的扶持，能够在受试探的时候站立得稳（弗 3:14 – 17；帖前 3:13；犹 24）；

(3) 祈求上帝使我们即使跌倒，也再次站起，恢复过来（诗 51:12），并予以善用，从中得益（彼前 5:8 – 10），使我们的成圣和救赎得以完全（林后 13:7，9），使撒但被践踏在我们的脚下（罗 16:20；亚 3:2；路 22:31 – 32），使我们完全从罪、试探及一切的邪恶中得释放，直到永远（约 17:15；帖前 5:23）。

九十三、主祷文结语

196 问：在主祷文的结语中，教训我们什么？

答：在主祷文的结语“因为国度，权柄，荣耀，全是祢的，直到永远”（太 6:13）中，教训我们：

（1）用论理的方式加强我们的祈求（罗 15:30），这些理由并不是因为我们自身或其他任何受造物有何价值，而是出于上帝（但 9:4,7－9,16－19）；

（2）也教训我们，在祷告中要赞美上帝（腓 4:6），把永恒的主权、全能，与荣耀的尊称唯独归于祂（代上 29:10－13）；

（3）因为祂能够并且愿意帮助我们（弗 3:20－21；路 11:13），所以，藉着信心，我们要坦然无惧地向祂祈求（代下 20:6,11），安静地依靠祂，相信祂会成全我们的祈求（代下 14:11）；

（4）为了表明这是我们的心愿，并是我们所确信的，我们就说“阿们”（林前 14:16；启 22:20－21）。

第三部分

威斯敏斯德小教理问答

导　读

《威斯敏斯德小教理问答》是在1647年英国威斯敏斯德会议产生的。1648年7月为苏格兰大议会采纳，同年9月由英国议院审查批准，直到今天一直为改革宗教会广泛使用。它用字审慎、字义明晰，在宗教改革所产生的众多信条和教理问答中堪称奇葩。它既可作为教导孩童和初信者的指南，也是信徒研究神学最好的入门书。它所集中讨论的是基督教教义，而不是事实，所以它的结构不是按圣经记载中历史的顺序，而是按教义内在的逻辑顺序。正如著名改革宗神学家华菲德博士(Benjamin Brekinridge Warfield, 1852－1920)所言，威斯敏斯德会议所留给后代的是"迄今为止人所撰述的最详尽的教义陈述"，始终散发出"属灵宗教最美的香气"。在威斯敏斯德会议制定的文件中，最有影响的就是《威斯敏斯德小教理问答》。它作为教导基督教信仰的简介，将基督教的教义简明扼要地阐明，是教理问答中的杰作。目前，此教理问答仍然是改革宗教会的教义标准之一。

一、引言

“引言”部分共有三个问题，直接涉及人生的三个大问题：生活的目的、生活的标准与生活的内容。可见，基督教教义是与人的生活直接相关的。

第一问是在改革宗教会内最著名的问答之一。这一问首先将“人生的首要目的”提了出来，对于这一问题的回答乃是基督徒与非基督徒，甚至是明白真道的基督徒与稀里糊涂的基督徒之间的分水岭。“荣耀上帝，以祂为乐，直到永远”这一清楚而响亮的回答，显明基督徒的人生已经从自我中心开始转向以上帝为中心。“唯独上帝的荣耀”，这也是宗教改革的口号之一。

第二问立即提出了“准则”或“标准”的问题，旧新约圣经中的全部圣言乃是我们基督徒信仰与行为的最高准则。此处既强调了圣经在基督徒生活中的权威性，也强调了旧新约圣经之间的连续性和统一性。今日华人教会普遍注重新约圣经，忽视对旧约圣经的研读和讲解，在信仰与生活上造成诸多的偏颇之处。而教理问答的主要作用就是使信徒对基督真道有一个全面且平衡的看法。

第三问以非常凝炼的总结来看圣经的教训，一是人对上帝当信什么，二是上帝要人当尽什么本分。今日很多教会受反知识、反律法这两大毒瘤的影响，不注重向信徒讲明当信什么，只是一味强调“信”，这样的“信”离开上帝的真道，往往有迷信、偏信、狂信的色彩。同时，也有很多教会受神秘主义和个人主义的影响，不注重个人所当尽的本分或责任，只强调个人的神秘感受和物质所得，往往使信徒或者消极避世，或者仍然是自我中心，不能主动积极地在日常生活中荣耀上帝，造福他人。惟愿这一教理问答能够帮助更多的基督徒明白自己所信的到底是什么，自己在这个世界上到底应当如何荣耀上帝。

二、第一部分　我们当信什么

这一部分共有35个问答，从第4问至38问，阐明了基督徒当信的基本要道。这一部分虽然并没有像《海德堡教理问答》一样，明确地按《使徒信经》的内容来讲解，但基本上仍然按《使徒信经》的架构阐明了圣父上帝与创造的教义、圣子上帝与救赎的教义和圣灵上帝与成圣的教义。

三、第二部分　我们所当作的是什么

在这一部分，主要讲解了十诫与主祷文，从第39问至最后第107问。作为基督徒，我们都晓得当遵行上帝的旨意，关键是如何明白上帝的旨意。在今日中国教会中，有人主张“效法基督”，或者“以基督为标准”，也有人强调服从圣灵的“感动”和“引导”。这些话听起来好听，但仍然让人无所适从。“效法基督”，基督徒当然应当效法基督，但问题在于我们应在哪些方面效法基督呢？我们显然不能效法基督在海面上行走，因为基督不仅是完全的人，还是完全的上帝，圣灵在祂身上的膏抹是没有限量的，基督所行的很多事我们都无法效法。“以基督为标准”，这更有点混乱。基督是我们的救主，怎能与“标准”混在一起呢？基督徒当然应当顺从圣灵的感动和引导，但问题在于如何判断这是来自圣灵的感动和引导呢？我们如何知道这些感动不是出于人的私欲，甚至邪灵的诱惑呢？其实，基督的教训很简单：“你们若爱我，就必遵守我的命令”（约14:15）。此处的“命令”就是诫命。上帝的律法和诫命就是上帝想显明的旨意，目的就在于“为要我们殷勤遵守”(诗 119:4)。当然,在这一部分也明确指出,没有人能够完全遵行上帝的律法,即使已经重生得救的人在今生今世也不能完全遵行上帝的诫命。因此,我们得救称义是本乎上帝的恩典,得救之后分别为圣也是完全倚靠上帝的恩典。所以,上帝也赐给我们各样蒙恩之道,也就是藉以得蒙上帝恩典的途径。在这一教理问答中,强调三大蒙恩之道,一是读经听道,二是参加圣礼,三是常常祷告。我们要善用、珍惜这三大蒙恩之道,否则我们的灵命就容易枯干,无力活出丰盛的生命来。

引 言

一、人生的首要目的

1 问：人生的首要目的是什么？

答：人生的首要目的就是荣耀上帝（罗 11:36；林前 10:31），以祂为乐，直到永远（诗 73:25－28）。

二、人生的唯一准则

2 问：上帝赐给我们什么准则以指导我们荣耀祂，并以祂为乐呢？

答：记载于旧新约圣经中的上帝的圣言（提后 3:16；弗 2:20），是指导我们荣耀祂，并以祂为乐的唯一标准（约壹 1:3－4）。

三、圣经的主要教训

3 问：圣经主要教训什么？

答：圣经主要教训：人对上帝当信什么，并且上帝要人当尽什么责任（提后 1:13；3:16）。

第一部分　我们该信什么

四、上帝是怎样的上帝

4 问：上帝是怎样的上帝？

答：上帝是个灵（约 4:24），祂的存有（出 3:14）、智慧

(诗 147:5)、权能(启 4:8)、圣洁(启 15:4)、公义、良善和信实(出 34:6－7),都是无限(伯 11:7－9)、永恒(诗 90:2)、不变(雅 1:17)的。

5 问:上帝是独一的吗?

答:上帝是独一无二,又真又活的(申 6:4;耶 10:10)。

6 问:上帝有几个位格?

答:上帝有三个位格:圣父,圣子,圣灵;这三个位格是同一上帝,同质,同权,同荣(约壹 5:7[1];太 28:19)。

五、上帝的预旨

7 问:上帝的预旨是什么?

答:上帝的预旨乃是祂按照自己旨意的计划所定永恒的目的。上帝为着祂自己的荣耀,预定了将要发生的一切(弗 1:4,11;罗 9:22－23)。

8 问:上帝怎样实施祂的预旨?

答:上帝在创造之工和护理之工中实施祂的预旨。

六、上帝的创造

9 问:上帝的创造之工是什么?

答:创造之工乃是上帝用祂权能的话,六日之内从无中造出万有,并且都是很好的(创 1:31;来 11:3)。

1 在天上作见证的原来有三:就是圣父、圣道与圣灵,这三位为一体——根据希腊文 *Textus Receptus* 本和英文钦定本新译。

10 问：上帝是怎样造人的？

答：上帝照着祂自己的形像造人，乃是造男造女，有知识、公义和圣洁，并赋与他们治理万物的权柄（创 1：26－28；西 3：10；弗 4：24）。

七、上帝的护理

11 问：上帝的护理之工是什么？

答：上帝的护理之工乃是：祂极其圣洁（诗 145：17）、智慧（诗 104：24；赛 28：19）、有权能（来 1：3）地继续保守，并统管祂所创造的万有及其一切行动（诗 103：19；太 10：29－31）。

12 问：上帝对起初受造的人有什么特别的护理？

答：上帝创造了人，就与他立生命之约，以完全的顺服为条件；并用死亡为刑罚，禁止他吃分别善恶树上的果子（创 2：17；加 3：12）。

八、始祖是如何犯罪的

13 问：我们的始祖守住起初受造的状况了吗？

答：我们的始祖在当初意志自由的状况中，因犯罪干犯上帝，便从起初受造的状况中堕落了（创 3：6－8，13；传 7：29）。

14 问：什么是罪？

答：罪就是不遵行或违背上帝的律法（约壹 3：4）。

15 问：是什么罪使我们的始祖从原来受造的状况中堕

落的?

答:是吃禁果之罪使我们的始祖从原来受造的状况中堕落的(创 3:6,12)。

九、始祖犯罪的后果

16 问:全人类都在亚当的首次犯罪中堕落了吗?

答:上帝与亚当所立的约,不仅是为他,也是为他的后裔,所以那按常例而生由他传下的全人类,都在他里面犯了罪,并在他首次犯罪中与他一同堕落了(创 2:16 - 17;罗 5:12;林前 15:21 - 22)。

17 问:堕落使人类处于什么状况之中?

答:堕落使人类处于罪恶和愁苦的状况之中(罗 5:12)。

18 问:人堕落后所处的有罪状况包括什么?

答:人堕落后所处的有罪状况包括亚当第一次犯罪所负的罪债,原义的丧失,和整个人性的败坏,即所谓的原罪,以及由原罪所生发的本罪(罗 5:12,19;5:10 - 20;弗 2:1 - 3;雅 1:14 - 15;太 15:19)。

19 问:人堕落后所带来的愁苦是什么?

答:全人类因堕落而丧失了与上帝的交通(创 3:8,10,24),并处于祂的忿怒和咒诅之下(弗 2:2 - 3;加 3:10),因此当受今生的一切痛苦、死亡和地狱永远的苦楚(哀 3:39;罗 6:23;太 25:41,46)。

十、上帝的救恩

20问：上帝任凭全人类在罪恶和愁苦的状况中灭亡吗？

答：上帝既然完全因着祂自己的美意，从永恒中拣选了一些人得永生（弗1:4），设立恩典之约，要藉着一位救赎主把他们从罪恶和愁苦中救出来，使他们进入得救的状况（罗3:20－22；加3:21－22）。

21问：谁是上帝选民的救赎主？

答：上帝选民唯一的救赎主乃是主耶稣基督（提前2:5－6），祂是上帝的永恒之子，成为人（约1:14；加4:4），因此曾经是、并且继续是上帝与人，二性有别，一个位格，直到永远（罗9:5；路1:35；西2:9；来7:24－25）。

22问：基督既是上帝之子，是怎样成为人的？

答：上帝之子基督取了人实在的身体（来2:14，16；10:5）和有理性的灵魂（太26:38），成为人，藉着圣灵的权能，在童女马利亚腹中成孕，从她出生（路1:27，31，35，42；加4:4），只是没有罪（来4:15；7:26）。

十一、基督的拯救

23问：作为我们的救赎主，基督执行什么职分？

答：作为我们的救赎主，基督执行先知、祭司和君王的职分，祂在降卑和升高这两种状况中都是如此（徒3:21－22；来12:25，比较林后13:3；来5:5－7；7:25；诗2:6；赛9:6－7；太21:5；诗2:8－11）。

24 问：基督怎样执行先知的职分呢？

答：基督执行先知的职分，是藉着祂的道和灵，向我们启示上帝拯救我们的旨意（约 1:18；彼前 1:10－12；约 15:15；20:31）。

25 问：基督怎样执行祭司的职分呢？

答：基督执行祭司的职分，是一次将祂自己献上为祭，满足了上帝的公义（来 9:14，28），使我们与上帝和好（来 2:17），并为我们继续代求（来 7:24－25）。

26 问：基督怎样执行君王的职分呢？

答：基督执行君王的职分，在于征服我们归向祂（徒 15:14－16），统管（赛 33:22）并保护我们（赛 32:1－2），抑制并战胜祂和我们所有的仇敌（林前 15:25；诗 110）。

27 问：基督的降卑包括什么？

答：基督的降卑包括降生为人，且生于卑微的状况中（路 2:7），处在律法之下（加 4:4），受此生的苦楚（赛 53:2－3；来 12:2－3）、上帝的忿怒（太 27:46；路 22:44），和十字架上被咒诅的死（腓 2:8），又被埋葬（林前 15:3－4），一时处于死的权势之下（徒 2:24－27，31）。

28 问：基督的升高包括什么？

答：基督的升高包括祂第三天从死里复活（林前 15:4），升天（可 16:19），坐在父上帝的右边（弗 1:20），末日再来审判世界（徒 1:11；17:31）。

十二、圣灵的工作

29 问:我们怎样才能领受基督所买来的救赎呢?

答:我们领受基督所买来的救赎,乃是靠圣灵(多 3:5-6)将它有效地落实到我们的身上(约 1:11-12)。

30 问:圣灵怎样将基督所买来的救赎运用到我们身上呢?

答:圣灵将基督所买来的救赎落实到我们身上,乃是藉着祂在我们里面所生发的信心(弗 1:13-14;约 6:37,39;弗 2:8),这样便使我们藉着有效的恩召,从而与基督联合(林前 1:9;弗 3:17)。

31 问:什么是有效的恩召?

答:有效的恩召是圣灵的工作(提后 1:9;帖后 2:13-14),祂使我们确知自己有罪,处于愁苦之中(徒 2:37),又光照我们的理性,使我们认识基督(徒 26:18),更新我们的意志(结 36:26-27),就说服我们,使我们能够接受在福音里白白赐给我们的耶稣基督(约 6:44-45;腓 2:13)。

十三、救恩在今生的益处

32 问:有效蒙召的人今生享有什么益处?

答:有效蒙召的人今生享有称义(罗 8:30)、得儿子的名分(弗 1:5)、成圣,和随之而来的各样益处(林前 1:26,30)。

33 问:什么是称义?

答:称义是上帝一次性的作为,出于祂白白的恩典,由此赦免我们一切的罪(罗 4:6-8;3:24-25),并悦纳我们为义人(林后 5:19,21)。这一切唯独因为基督的义归于我们(罗 5:17－19),并且唯独藉着信心才能得到(加 2:16;腓 3:9)。

34 问:什么是得儿子的名分?

答:得儿子的名分是上帝一次性的作为,出于祂白白的恩典(约壹 3:1),使我们因此被纳入上帝众子的数目中,并享有作上帝儿子的一切特权(约 1:12;罗 8:17)。

35 问:什么是成圣?

答:成圣是上帝持续性的工作,出于祂白白的恩典(帖后 2:13),使我们整个人照着上帝的形像被更新(弗 4:23－24),并得以越来越能向罪而死,向义而活(罗 6:4,6)。

36 问:今生与称义、得儿子的名分和成圣相伴而来的益处是什么呢?

答:今生与称义、得儿子的名分和成圣相伴而来的益处乃是:对上帝慈爱的确信,良心的平安(罗 5:1－2,5),在圣灵里的喜乐(罗 14:17),恩典的增多(箴 4:18),和在其中蒙保守坚忍到底(彼前 1:5;约壹 5:13)。

十四、救恩在今生之后的益处

37 问:信徒死时从基督领受什么益处?

答:信徒死时,他们的灵魂在圣洁上达于完全(来 12:23),并且立刻进入荣耀里(路 23:43;林后 5:1,6,8;腓 1:23);他们的身体仍旧与基督联合(帖前 4:14),安息在坟墓中(赛 57:2),直到复活之时(伯 19:26－27)。

38 问:在复活的时候,信徒从基督领受什么益处?

答:在复活的时候,信徒既然在荣耀中复活(林前 15:43),就在审判日当众被主承认,判为无罪(太 25:23;10:32),并在充分以上帝为乐中完全蒙祂赐福(林前 13:12;约壹 3:2),直到永远(帖前 4:17-18)。

第二部分 我们该做什么

十五、道德律与十诫

39 问:上帝要人尽什么本分?

答:上帝要人所尽的本分乃是顺服祂显明的旨意(弥 6:8;撒上 15:22)。

40 问:上帝起初向人启示了什么作为顺服祂的标准呢?

答:上帝起初向人启示了道德律作为顺服祂的标准(罗 2:14-15;10:5)。

41 问:道德律集中体现在什么里面?

答:道德律集中体现在十诫里面(申 10:4;太 19:17)。

42 问:十诫的总纲是什么?

答:十诫的总纲就是:我们要尽心、尽性、尽力、尽意爱主我们的上帝;又要爱人如己(太 22:37-40)。

十六、十诫的序言

43 问:十诫的序言是什么?

答:十诫的序言是,“我是耶和华你的上帝,曾将你从埃及地为奴之家领出来”(出 20:2;申 5:6)。

44 问:十诫的序言教训我们什么?

答:十诫的序言教训我们,因为上帝是主、我们的上帝和救赎者,所以我们有责任遵守祂的一切诫命(路 1:74-75;彼前 1:15-19)。

十七、第一条诫命

45 问:第一条诫命是什么?

答:第一条诫命是:“在我面前(和合本译为“除了我以外”),你不可有别的神”(出 20:3)。

46 问:第一条诫命吩咐什么?

答:第一条诫命吩咐我们要认识并承认上帝是独一的真上帝,是我们的上帝(申 26:17;代上 28:9);并要如此崇拜祂,荣耀祂(诗 29:2;太 4:10)。

47 问:第一条诫命禁止什么?

答:第一条诫命禁止我们否认(诗 14:1)、不敬拜或不荣耀真上帝为上帝(罗 1:21)、为我们的上帝(诗 81:10-11),又禁止我们将只当归于祂的敬拜和荣耀归于任何受造物(罗 1:25-26)。

48 问:第一条诫命中“在我面前”一语特别教训我们什么?

答:第一条诫命中“在我面前”一语教训我们,上帝无所不在，祂注意到人另有别神之罪，大为不悦（诗 44:20－21；结 8:5－6）。

十八、第二条诫命

49 问：第二条诫命是什么？

答：第二条诫命是，“不可为自己雕刻偶像；也不可作什么形像，仿佛上天、下地和地底下、水中的百物。不可跪拜那些像；也不可侍奉它，因为我耶和华你的上帝，是忌邪的上帝。恨我的，我必追讨他的罪，自父及子，直到三四代；爱我、守我诫命的，我必向他们发慈爱，直到千代”（出 20:4－6）。

50 问：第二条诫命吩咐什么？

答：第二条诫命吩咐我们对上帝在圣经中所指定的宗教敬拜和蒙恩之道，要接受遵守，保持纯全（申 32:46；太 28:20；徒 2:42）。

51 问：第二条诫命禁止什么？

答：第二条诫命禁止人用任何形像（申 4:15－19；出 32:5,8），或用圣经中所未指定的其他任何方式敬拜上帝（申 12:31－32）。

52 问：第二条诫命所附加的理由是什么？

答：第二条诫命所附加的理由乃是：上帝对我们拥有主权（诗 95:2－3,6），我们是属祂的（诗 45:11），并且祂是忌邪的，要我们专心敬拜祂（出 34:13－14）。

十九、第三条诫命

53 问:第三条诫命是什么?

答:第三条诫命是,“不可妄称耶和华你上帝的名,因为妄称耶和华名的,耶和华必不以他为无罪”(出 20:7)。

54 问:第三条诫命吩咐什么?

答:第三条诫命吩咐人当圣洁恭敬地使用上帝的名字(申 25:28;太 6:9)、尊称(诗 68:4)、属性(启 15:3－4)、蒙恩之道(玛 1:11,14)、圣言(诗 138:1－2)和作为(伯 36:24)。

55 问:第三条诫命禁止什么?

答:第三条诫命禁止人亵渎或滥用凡上帝用以显明祂自己的一切(玛 1:6－7,12;2:2;3:14)。

56 问:第三条诫命所附加的理由是什么?

答:第三条诫命所附加的理由乃是:虽然干犯这条诫命的人可以逃避人的刑罚,但是主我们的上帝绝不容他逃避祂公义的审判(申 28:58－59;撒上 2:12,17,22,29;3:13)。

二十、第四条诫命

57 问:第四条诫命是什么?

答:第四条诫命是,“当记念安息日,守为圣日。六日要劳碌作你一切的工;但第七日是向耶和华你上帝当守的安息日;这一日你和你的儿女、仆婢、牲畜,并你城里寄居的客旅,无论何工都不可作,因为六日之内,耶和华造天、地、海和其中的万物,第七日便安息,所以耶和华赐福与安息日,定为圣日"(出 20:8－11)。

58 问:第四条诫命吩咐什么?

答:第四条诫命吩咐人当将圣经所规定的时日都向上帝守为圣;祂特意指定七日内一整天叫人向祂守为圣安息日(申 5:12－14)。

59 问:上帝指定七日的哪一日为安息日?

答:上帝从世界的开始到基督复活,指定一周的第七日为安息日;此后直到世界的末了,指定一周的第一日为基督徒的安息日(创 2:2－3;徒 20:7;林前 16:1－2)。

60 问:怎样才是尊安息日为圣?

答:尊安息日为圣,乃是整日合乎圣洁地安息(出 20:8,10;16:25－28),甚至停止平日那些合乎上帝律法的属世职务和娱乐(尼 13:15－19,21－22);并用全部时间与众人一起或在私下敬拜上帝(诗 92 标题;路 4:16;徒 20:7;赛 66:23),只有为着必需的工作和施行怜悯所占的时间才是例外(太 12:1－31)。

61 问:第四条诫命禁止什么?

答:第四条诫命禁止人对那当尽的本分忽略不行或敷衍了事(结 22:26;玛 1:13;摩 8:5),并禁止人懒惰闲散(徒 20:7,9),或行本来有罪的事情(结 23:38),或对俗务或娱乐发生不必需的心思、言语或行为,以致亵渎此日(赛 58:13;耶 17:24－26)。

62 问：第四条诫命所附加的理由是什么？

答：第四条诫命所附加的理由乃是：上帝让我们一周之内有六日做自己的工（出 20:9），祂挑战我们特别保留第七日作祂的日子，祂自己也作了榜样，并且赐福与安息日（出 20:11）。

二十一、第五条诫命

63 问：第五条诫命是什么？

答：第五条诫命是，"当孝敬父母，使你的日子在耶和华你上帝所赐你的地上，得以长久"（出 20:12）。

64 问：第五条诫命吩咐什么？

答：第五条诫命吩咐人在其所处的地位和关系中，当按照各自的尊卑长幼（弗 5:21；彼前 2:17），履行自己的本分，并给与对方当受的尊重（罗 12:10）。

65 问：第五条诫命禁止什么？

答：第五条诫命禁止人忽略或违反各人按其地位和身分当受的尊重和当得的事奉（太 15:4－6；罗 13:8；结 34:2－4）。

66 问：第五条诫命所附加的理由是什么？

答：第五条诫命所附加的理由乃是：有长寿和兴盛的应许（只要是为了荣耀上帝，造福自己）赐给凡遵守此诫命的人（申 5:16；弗 6:2－3）。

二十二、第六条诫命

67 问：第六条诫命是什么？

答：第六条诫命是，“不可杀人”（出 20:13）。

68 问：第六条诫命吩咐什么？

答：第六条诫命吩咐人当运用合乎上帝律法的各种方法，竭力保全自己（弗 5:28 – 29）和他人的生命（王上 18:4）。

69 问：第六条诫命禁止什么？

答：第六条诫命禁止我们自杀，或不义地夺去邻舍的生命，或有任何这样的倾向（徒 16:28；创 9:6）。

二十三、第七条诫命

70 问：第七条诫命是什么？

答：第七条诫命是，“不可奸淫”（出 20:14）。

71 问：第七条诫命吩咐什么？

答：第七条诫命吩咐我们在心思、言语和行为上，保守自己和邻舍的贞洁（林前 7:2 – 3,5,34,36；西 4:6；彼前 3:2）。

72 问：第七条诫命禁止什么？

答：第七条诫命禁止一切不洁的心思、言语和行为（太 15:19；5:28；弗 5:3 – 4）。

二十四、第八条诫命

73 问：第八条诫命是什么？

答：第八条诫命是，“不可偷盗”（出 20：15）。

74 问：第八条诫命吩咐什么？

答：第八条诫命吩咐我们，当以合乎上帝律法的方式，取得并增加自己与别人的财富和外部产业（创 30：30；提前 5：8；利 25：35；申 22：1－5；出 23：4－5；创 47：14，20）。

75 问：第八条诫命禁止什么？

答：第八条诫命禁止一切实际上或可能会不正当地损害我们自己和邻舍的财富或外部产业的言行（箴 21：17；23：20－21；28：19；弗 4：28）。

二十五、第九条诫命

76 问：第九条诫命是什么？

答：第九条诫命是，“不可作假见证陷害人”（出 20：16）。

77 问：第九条诫命吩咐什么？

答：第九条诫命吩咐人当维护并促进人与人之间的诚实（亚 8：16），以及我们自己和邻舍的名誉（约叁 12），尤其是在作见证时更当如此（箴 14：5，25）。

78 问：第九条诫命禁止什么？

答：第九条诫命禁止有损诚实，有害我们自己或邻舍名誉的一切言行（撒上 17：28；利 19：16；诗 15：3）。

二十六、第十条诫命

79 问：第十条诫命是什么？

答：第十条诫命是，"不可贪恋人的房屋；也不可贪恋人的妻子、仆婢、牛驴，并他一切所有的"（出 20:17）。

80 问：第十条诫命吩咐什么？

答：第十条诫命吩咐我们当对自己的境况完全知足（提前 6:6；来 13:5），用正直仁爱的精神对待邻舍及其所拥有的一切（伯 31:29；罗 12:15；提前 1:5；林前 13:4－7）。

81 问：第十条诫命禁止什么？

答：第十条诫命禁止我们对自己的境况不满（王上 21:4；斯 5:13；林前 10:10），对邻舍的善况嫉妒、难受（加 5:26；雅 3:14,16），并对他所拥有的表现出非分的举动和感受（罗 7:7－8;13:9；申 5:21）。

二十七、罪所当受的处罚

82 问：人能完全遵守上帝的诫命吗？

答：自从堕落以来，无人能在今生完全遵守上帝的诫命（传 7:20；加 5:17；约壹 1:8,10）；反倒天天在心思、言语和行为上，违背上帝的诫命（创 6:5;8:21；罗 3:9－21；雅 3:2－13）。

83 问：一切违反上帝律法的罪都同等可憎吗？

答：在上帝眼中，有些罪因其本身，或因诸般加重情节，比别的罪更是可憎（结 8:6,13,15；约壹 5:16；诗 78:17,32,56）。

84 问：每个罪当受什么处罚？

答:每个罪在今生和来生都当遭受上帝的忿怒和咒诅(太 25:41;加 3:10;弗 5:6;哀 3:39)。

二十八、蒙恩之道

85 问:上帝为叫我们逃避因罪所当受的祂的烈怒和咒诅,对我们有什么吩咐呢?

答:上帝为叫我们逃避因罪所当受的祂的烈怒和咒诅,吩咐我们信耶稣基督,悔改得生(徒 20:21),并殷勤使用基督藉以将救赎恩惠赐给我们的一切外在工具(箴 2:1－5;8:33－36;赛 55:3)。

86 问:什么是信耶稣基督?

答:信耶稣基督是一种救赎性美德(来 10:39),藉此使我们照福音所显明的基督接受祂,并且唯独靠祂得救(约 1:12;赛 26:3－4;腓 3:9;加 2:16)。

87 问:什么是悔改得生?

答:悔改得生是一种救赎性美德(徒 11:18),藉此一个罪人,由于确实觉知自己有罪(徒 2:37－38),并领悟到上帝在基督里的怜悯(珥 2:12;耶 3:22),就对自己的罪忧伤恨恶,从而离弃罪,归向上帝(耶 31:18－19;结 36:31),并真心致力于顺服上帝(林后 7:11;赛 1:16－17)。

88 问:基督藉着什么外在的工具将救赎的益处赐给我们呢?

答:基督藉以将救赎的益处赐给我们的外在的、通常的工具,就是祂的赐恩之道,特别是圣经、圣礼和祷告,祂使这一切在选民身上生效，使他们得救（太 28:19－20；徒 2:42，46－47）。

二十九、圣经与蒙恩之道

89 问：圣经怎样对人有拯救的效力呢？

答：上帝的灵使读经，尤其是讲道，成为有效的工具，使罪人藉着信心知罪归正，并在圣洁和安慰上得到建造，以至得救（尼 8:8；林前 14:24－25；徒 26:18；诗 19:8；罗 15:4；提后 3:15－17；罗 10:13－17；1:16；徒 20:32）。

90 问：怎样读经听道，才能使上帝的圣言对人有拯救的效力呢？

答：要使上帝的圣言能够对人生发拯救的效力，我们必须用勤勉（箴 8:34）、预备（彼前 2:1－2）和祷告（诗 119:18）来读经听道，用信心与爱心（来 4:2；帖后 2:10）去领受真道，存在心里（诗 119:11），并在生活中实行出来（路 8:15；雅 1:25）。

三十、圣礼与蒙恩之道

91 问：圣礼怎样成为救恩的有效工具？

答：圣礼成为使人得救的有效工具，并非因其本身有什么功效，或施行者本人有什么功德，而只是由于基督所赐的祝福（彼前 3:21；太 3:11；林前 3:6－7），和圣灵在那些以信心领受圣礼之人心中的运行（林前 12:13）。

92 问：什么是圣礼？

答：圣礼是基督所设立的神圣的蒙恩之道，这有形的记号代表基督和新约的恩惠，并向信徒印证、施与（创 17:7,10;出 12;林前 11:23,26）。

93 问：什么是新约的圣礼？

答：新约的圣礼是洗礼（太 28:19）和圣餐（太 26:26－28）。

三十一、洗礼

94 问：什么是洗礼？

答：洗礼是圣礼，我们在其中奉圣父、圣子、圣灵的名受水洗（太 28:19），代表并印证我们与基督联合，承受恩典之约的恩惠，并且归属主（罗 6:4;加 3:27）。

95 问：应为谁施洗呢？

答：对有形教会以外的人，要到他们认信基督，并且愿意顺服祂时（徒 2:38;8:36－37），才给他们施洗；但有形教会之成员的婴孩都应受洗（徒 2:38－39;创 17:10,比较西 2:11－12;林前 7:14）。

三十二、圣餐

96 问：什么是圣餐？

答：圣餐是圣礼，我们在其中照基督的吩咐分发并领受饼和酒，以表明祂的死；配领受者并非属物质地或属肉体地，而是藉着信心领受祂的身体和宝血，以及其一切恩惠，使他们的灵命得滋养，在恩典里有长进（林前 11:23－26;10:16）。

97 问:为了配领圣餐,应当怎样行?

答:为了配领圣餐,应当自己省察,是否有分辨主的身体的知识(林前 11:28－29),是否用信心吃喝基督(林后 13:5),是否有悔改(林前 11:31)、爱心(林前 10:16－17)和新的顺服之心(林前 5:7－8),免得不按理吃喝,自己招惹上帝的审判(林前 11:28－29)。

三十三、祷告与蒙恩之道

98 问:什么是祷告?

答:祷告是奉基督的名(约 16:23),向上帝表明我们的心愿(诗 62:8),祈求合乎祂旨意的事(约壹 5:14),承认我们的罪(诗 32:5－6;但 9:4),并感谢祂的怜悯(腓 4:6)。

99 问:上帝赐下什么标准,指导我们祷告呢?

答:全部圣经是指导我们祷告的标准(约壹 5:14);但指导我们祷告的特别标准是基督教训祂门徒如何祷告的模式,通常称为主祷文(太 6:9－13,比较路 11:2－4)。

三十四、主祷文序言

100 问:主祷文的序言教训我们什么?

答:主祷文的序言是,"我们在天上的父"(太 6:9)。这是教训我们要用敬畏和信靠的心就近上帝,如同儿女就近一个随时能够和乐意帮助他们的父亲一般(路 11:13;罗 8:15);同时,又教训我们应当与别人一同祷告,并为他们祷告(徒 12:5;提前 2:1－2)。

三十五、主祷文六大祈求

101 问:我们在第一个祈求中求什么?

答:我们在第一个祈求"愿人都尊祢的名为圣"(太 6:9)中,求上帝帮助我们和别人,在凡为祂用以显明自身的一切事上荣耀祂(诗 67:2-3),并求祂行作万事,使祂自己得荣耀(诗 83)。

102 问:我们在第二个祈求中求什么?

答:我们在第二个祈求"愿祢的国降临"(太 6:10)中,求上帝使撒但的国灭亡(诗 68:1,18),使祂恩典的国得以进展(启 12:10-11),使我们和别人都被带进这个国度,且蒙保守在此国中(约 17:9,20;罗 10:1;帖后 3:1),并使祂荣耀的国速速临到(启 22:20)。

103 问:我们在第三个祈求中求什么?

答:我们在第三个祈求"愿祢的旨意行在地上,如同行在天上"(太 6:10)中,求上帝藉着祂的恩典,使我们能够并且愿意在凡事上知道、遵守并顺服祂的旨意(诗 67;119:36;太 26:39;撒下 15:25;伯 1:21),如同天使在天上所行的一般(诗 103:20-21)。

104 问:我们在第四个祈求中求什么?

答:我们在第四个祈求"我们日用的饮食,今日赐给我们"(太 6:11)中,求上帝出于祂白白的恩赐,使我们领受今生所需用的好东西,并且求祂赐福,使我们得以享用(箴 30:8-9;提前 4:4-5;创 28:20)。

105 问：我们在第五个祈求中求什么？

答：我们在第五个祈求“免我们的债，如同我们免了人的债”（太 6：12）中，求上帝因基督的缘故，白白饶恕我们一切的罪（诗 51：1－2，7，9；但 9：17－19）；并且我们也受鼓励去如此求，因为藉着祂的恩典，我们能够发自内心地饶恕别人（太 18：35；路 11：4）。

106 问：我们在第六个祈求中求什么？

答：我们在第六个祈求“不叫我们遇见试探，救我们脱离凶恶”（太 6：13）中，求上帝保守我们不受试探，以致犯罪（太 26：41），或是当我们受试探时，扶助我们，拯救我们（林后 12：7－8）。

三十六、主祷文结语

107：主祷文的结语教训我们什么？

答：主祷文的结语说，“因为国度，权柄，荣耀，全是祢的，直到永远，阿们”（太 6：13）。这教训我们唯独因着上帝而得祷告的鼓励（但 9：4，7－9，16－19），并在我们的祷告中赞美祂，将国度、权柄、荣耀归于祂（代上 29：10－13）；最后为了表明我们希望祂垂听我们的祈求，又深信必蒙垂听，就说阿们（林前 14：16；启 22：20－21）。

第四部分

威斯敏斯德家庭敬拜指南

导　读

每个时代的人都强调自己的时代艰难，世风日下，古道难行。其实，不管时代如何，要想爱主爱人，遵行律法，敬虔度日，都不是一件容易的事。因为敬虔有着巨大的力量，所以撒但总是想方设法予以攻击。然而，有主耶稣基督为我们在天上持续地代祷，真正重生得救的人，是没有理由以任何借口不追求敬虔的。当我们受到各样诱惑的时候，要从历代敬虔之人的榜样中吸取力量，他们用自己的鲜血，赢得了今生的自由和永远的冠冕。

纵观整个历史，家庭敬拜一直是真正敬虔生活复兴的标记。没有敬虔的家庭生活的操练，一切都难免停留在表面的层次。假如不在家庭中追求敬虔，努力与家人一同敬拜上帝，仅仅是在礼拜日的时候到教堂中敬拜上帝，多是假冒为善而已。上帝的圣约是与我们家庭设立的，每个基督徒都有责任在家庭中分别为圣，致力于家庭祭坛的建造，使敬虔的信仰代代相传。

《威斯敏斯德家庭敬拜指南》是在 1647 年英国威斯敏

斯德会议上通过的，与著名的《威斯敏斯德信条》、《威斯敏斯德大教理问答》、《威斯敏斯德小教理问答》同为当时教会信仰与生活的标准，可见当时教会对家庭敬拜的重视。无论在任何时代，任何国家，如果没有在家庭中操练敬虔，孝敬父母，夫妻相爱，教育子女，以敬虔为中心的改革宗信仰就无法确立。

一、序言

因着上帝的怜悯，极其纯正的公共敬拜在这块土地上已经建立起来。然而，除此之外，每个人都当有单独性的敬拜，并且家庭也当自行聚集，以家庭为单位，敬拜上帝。此二者既与个人和家庭有益，也是必不可少的。通过这样的敬拜，随着我们国家改革的进行，敬虔的告白和力量，在个人和家庭方面，都会日益精进。

二、家庭敬拜的必要性

首先，对于个人性的敬拜来说，家庭敬拜是极其必要的，每个人都当自己私下祷告、默想。这种操练所带来的巨大益处是言语所无法描述的，只有那些真正谨守，身体力行的人，才能完全品尝到其中的甘甜。这种个人性的敬拜也是蒙恩的工具，基督徒以这种特别的方式，与上帝交通，预备自己行事为人与蒙召的恩相称。因此，牧师确有必要鼓励每个人都进行这样的操练，或在早晨，或在晚上，其他时间亦可。另外，这也是每位家长的责任，既注意自己这样行，同时也要留心，鼓励处于他的监护之下的每个人，每天都当殷勤遵行。

三、家庭敬拜的内容

作为一个敬虔的家庭，每天举行家庭敬拜的时候，应当注意以下的本分：首先，为教会、国家、每个家庭成员的生命和目前的需要而祷告、赞美；其次，阅读圣经，用朴素的语言进行教理问答，这样所有的人，特别是那些孩子们，在参加公共敬拜的时候，就能更好地得益，自己读经的时候，也能多得益处。同时，应当讨论经文对家中每个人的应用，何处是劝勉，何处是责备，都由家中有权柄的人予以合宜的解释。

四、家长如何宣读圣经

解释圣经是教牧人员的本分和职责，任何人不管有什么资质，如果没有蒙召传道，分别为圣，就不要擅自解经。同样，家长也蒙上帝特别的呼召，清清楚楚地向家人宣读圣经，是其当尽的本分。读经之后，对于读过的经文加以讨论，晓得经文的应用，也是值得称赞的。比如说，如果在所读的经文中有对某种罪的责备，那么家长就当警告全家警醒谨守，不要犯这样的罪。如果上帝在经文中以审判来威吓，或者经文中描述了上帝的审判，就当提醒全家注意，不要因为自满和怠惰，就使这样的审判，甚至更可怕的事情临到自己的身上。最后，假如上帝在经文中吩咐了什么责任，就当激励每个人寻求基督加添力量，使我们能尽自己当尽的本分；若是在经文中上帝应许了什么安慰，就当求主怜悯，赐给这样的安慰。在上述所有事宜中，家长都当好好地带领，家人有问题或疑惑，就向家长求问。

五、家庭敬拜的次序

家长要留心，家庭中的每个人都不得半途退出家庭敬拜。另外，既然家庭敬拜的责任是属于一家之长的，牧师就要劝勉那些懒惰的人，训练那些软弱的人，使每个家长都有适宜的装备。经过长老治理会的批准，教会也可以任命人培训家长及其家人。假如家长确实不适合带领家庭敬拜，那么经过牧师和堂会的认可，另外一个家庭成员可以带领家庭敬拜。对于所推荐的人选，牧师和堂会应当向长老治理会负责。如果因着上帝的护理，牧师在会友家中，就当主持家庭敬拜。牧师应当在全体家人都在场的情况下主持家庭敬拜，除非是有特殊原因，不需要也不应当告知他人，才能仅仅与某些家人会面。

六、不可带领家庭敬拜的人

懒惰之人，基督教信仰还不明确的人，信仰不坚定的人，一概不得带领家庭敬拜，即使他们自愿也不可。否则，就有各样的谬误偷偷地进入家庭之中，导致那些容易上当受骗、没有头脑的人走偏。

七、家庭敬拜的性质

家庭敬拜是家庭私事，不当广泛邀请他人参与，除非他们是来访的人，或是来吃饭的客人。在这种情况下，当然应当邀请他们一同参与。

八、和平时期不鼓励家庭聚会

在非常时期，遭遇艰难困苦的时候，上帝确实曾经祝福过不同家庭的聚会，那时正常的教会次序被打乱了。然而，在和平稳定的时期，当福音纯正的时候，我们相信不应鼓励很多家庭聚集在一起。这样容易限制每个家庭和家庭成员的参与；而且，慢慢也会影响到教会公共事奉的需要，造成教会里家庭之间的裂痕，甚至使教会陷入分裂。这些都会引起更大的谬误，使恶人的心更加刚硬，给义人带来极大的伤痛。

九、家庭敬拜与主日敬拜

在主日的时候，每个家庭成员都要自己先寻求主，然后全家一起寻求主（唯独祂的手能预备人心），预备自己的心灵，准备参加敬拜，使敬拜的时间确实成为他们的祝福。家长应当留心，使每个处于他的监护之下的人都要参加公共敬拜，成为地方教会的一员。公共敬拜结束，祷告之后，家长要看家人都领受了什么。主日余剩的时间应当分别出来，用于教理问答，一起讨论上帝的话。另外，家人也可以自己读经、默想、祷告，使他们自己与上帝的相交不断加增。这一切目的都在于使公共聚集的祝福和益处得以加增，并得到正确的领受，使每个人都对永生有更深刻的认识。

十、祷告的必要和内容

那些会祷告的人都当祷告，因为祷告是上帝赐给我们的，目的就是让我们使用。那些刚刚信主的人，也可以借助已有的祷告开始祷告。然而，不要因此而满足，或者以此为属灵的怠惰的借口。在自己的灵修时间里，他们应当殷勤地、恳切地求告上帝，使他们能够祷告，感动他们的心思想，感动他们的口说话，为他们家庭必须的事项祷告。以下就是一个祷告的指南，祷告应当包括：

1. 承认自己不配在祷告和敬拜中来到大而可畏的上帝的面前，恳求上帝赐给一个真心祷告的灵；

2. 承认个人的罪和家庭的罪，为罪而责备自己，省察自己，承认有罪，真正谦卑在上帝的面前；

3. 在圣灵的引导下，奉耶稣基督的名，发自内心地、恳切地求告上帝赦免自己的罪；求上帝施恩，使自己有悔改之心，信靠上帝，认真、公义、敬虔地生活，高兴欢喜地事奉上帝，行走在祂的面前；

4. 感谢上帝对祂子民的诸多怜悯，尤其是对自己的怜悯，特别是对于上帝在基督里的大爱，和福音的光照而感谢上帝；

5. 不管是在早晨，还是在晚上，都当为自己当时灵命上和身体上的需要祷告；不管是身体健康与否，不管境遇是逆是顺，都当恳求上帝特别施恩；

6. 为普世基督教会代祷，为有改革宗信仰的教会祷告，特别是为自己所在的教会祷告；为那些为基督的缘故而受苦的人代祷；为我们所有的尊长祷告，为国家在位掌权的祷告；为地方长官，为所在教会的牧师和整个肢体祷告；为因公外出的邻舍，也为那些留在家中的邻舍祷告；

7. 在祷告结束的时候，要殷切地渴慕在祂爱子的国度降临中，在祂旨意的施行过程中，天父得到荣耀；确信自己的祷告已蒙垂听，他们根据父的旨意所祈求的必定成就。

十一、教会当推行家庭敬拜

家庭敬拜的举行必须极其认真，不要拖延，要避免一切世上分心的事，避免各样的拦阻。不管不信上帝的人和世俗之人如何嘲笑，都要照样进行。为了更好地推行家庭敬拜，带领人和教会中所有的长老，都应当激励自己和家人亲自施行。不仅如此，他们也当同意，要在他们所牧养的所有家庭中推行家庭敬拜。

十二、家庭的其他责任

上面所提及的是在家庭敬拜方面的一般责任，另外，还有特殊的责任。在某些特殊的处境中，不管是在私下，还是在公开场合，当主呼召他们的时候，都当在家庭中尽谦卑和感恩的本分。

十三、教会成员彼此造就的责任

上帝的圣言要求我们彼此相顾，激发爱心和善行。在当今时代，不敬上帝之风四处猖獗，那些轻慢上帝的人，放纵情欲，毫无节制，他们见到我们并不效法他们就颇为诧异。在这样的情况下，教会中的每个成员，更当在彼此造就的责任上时时殷勤，激励自己和他人，或教训，或劝勉，或责备；要彼此鼓励，断然拒绝邪恶之事和世上的情欲，敬虔、严肃、正直地生活在这个世界上，由此而把上帝的恩典显明出来；要安慰软弱的人，彼此代祷。在上帝的护理之下，当某些特殊场合出现的时候，就当履行此类的责任。也就是说，当人遭遇灾难、十字架或极大的难处，寻求建议和安慰的时候；或者犯罪的人受到私下的劝诫，假如没有什么果效，就当根据基督的律法，另外带一两个人同去，凭两三个人的口句句都要定准。

十四、如何寻求别人的建议

在人的良心疲惫、愁苦的时候，并不是所有的人都能够提供合适的建议。在这样的情况下，如果在运用了一切私下的和公开的方法之后，良心仍然没有平安，就应当去找自己的牧师，或者某个有经验的基督徒。但是，如果良心不安的人处于一定的情况下，因为性别、慎重、羞怯，或害怕出现丑闻，要求有一个敬虔、严肃的密友与他们一同到所说的地方，有这样的朋友陪伴，作为证人出现，也是适宜的。

十五、临时性家庭敬拜

在上帝的护理之下，有来自不同家庭的人，离开他们各自的工作，或是因为其他原因而聚集在一起。既然无论在哪里，他们都想享有上帝的同在，与上帝同行，不忽略祷告和感恩的本分，他们就当安排他们中间装备最好的人带领"家庭"敬拜。他们也当谨守，不要让败坏的言语从自己口中发出来，只是说那些美好的造就人的话，使那些听他们分享的人得蒙恩惠。

十六、指南的目的和适用范围

这些指南的目的和范围有两个方面。首先，在教会所有的教牧人员和会众中，可以根据每个人所在的地方和所从属的工作，使敬虔的权柄和操练得到保护和推进，基督徒生活中各种各样的不敬和懈慢可以受到抑制。其次，假如聚会或作法有可能孳生错谬、丑闻和分裂，使公共敬拜和服事受到藐视或忽略，使人忽视自已当尽的基督徒的本分，以及其他不是来自上帝的灵，而是属乎血气，与真理和和睦相悖的作为，就不要进行。

参考文献

一、清教徒与清教徒神学

周必克:《清教徒的福音侍奉》,陈路译,王志勇编校,威斯敏斯德出版社,2001。

Flynn, John Stephen. *The Influence of Puritanism on the Political and Religious Thought of the British*. New York: E.P. Dutton and Company, 1920.(《清教主义对英国政治和宗教思想的影响》)

Haller, William. *The Rise of Puritanism*. New York: Harper Torchbooks, 1938.(《清教主义的兴起》)

Leith, John H. *Assembly at Westminster*. Richmond: John Knox Press, 1973.(《威斯敏斯德会议简介》)

Morris, Edward D. *Theology of the Westminster Symbols*. Columbus, 1900.(《威斯敏斯德神学》)

Murray, H. Iain. *The Puritan Hope*. London: The Banner of Truth Trust, 1971.(《清教徒的盼望》)

Packer, J. I. *A Quest for Godliness*. Weaton: Crossway Books, 1990.(《追求敬虔》)

Raymond, Rossiter W. *The New Puritanism*. Freeport: Books for Libraries Press, 1972.(《新清教主义》)

Ryken，Leland. *Worldly Saints*. Grand Rapids：Zondervan，1986.（《世界中的圣徒》）

Warfield，B. B. *The Westminster Assembly and Its Work*. Grand Rapids：Baker，2003.（《威斯敏斯德会议及其工作》）

二、《威斯敏斯德信条》参考书

Clark，Gordon H. *What Presbyterians Believe? The Wesminster Confession：Yesterday and Today*. Phillipsburg：P & R Publishing，1965.（《长老宗的信仰：威斯敏斯德信条今昔观》）

Dunca，Ligon. *The Westminster Confession into 21st Century*. Ross-shire：Christian Focus Publication，2004.（《进入二十一世纪的威斯敏斯德信条》）

Hodge，A. A. *A Commentary on the Confession of Faith*. Philadelphia：Presbyterian Board of Christian Education，1932.（《威斯敏斯德信条释义》）

Williamson，G. I. *The Westminster Confession of Faith*. Phillipsburg：P & R Publishing，2004.（《威斯敏斯德信条释义》）

三、《威斯敏斯德大教理问答》参考书

Ridgeley，Thomas. *Commentary on the Larger Catechism*. Still Waters Revival Books，1855.（《威斯敏斯德大教理问答释义》）

Vos，Johannes G. *The Westminster Larger Catechism*. ED. by G. I. Williamson. Phillipsburg：P & R Publishing，

2002.(《威斯敏斯德大教理问答简释》)

四、《威斯敏斯德小教理问答》参考书

《教理问答》,雷默译,中国改革宗书院,2002。

Paterson, Alexander Smith. *A Concise System of Theology on the Basis of Shorter Catechism*. London, 1844.(《威斯敏斯德小教理问答神学要义》)

Vincent, Thomas. *The Shorter Catechism Explained from Scripture*. The Banner of Truth Trust, 1980.(《威斯敏斯德小教理问答释义》)

五、其他参考书

奥尔森:《基督教神学思想史》,吴瑞诚、徐成德译,周学信校订,北京大学出版社,2003。

麦格夫:《历史神学》,赵崇明译,天道书楼,2002。

威利斯顿·沃尔克:《基督教会史》,孙善玲、段琦、朱代强译,中国社会科学出版社,1992。

王志勇:《基督教圣约神学原理讲义》,未出版稿。

Beeke, Joel R. *Puritan Reformed Spirituality*. Grand Rapids: Reformation Heritage Books, 2004.(《清教徒改革宗灵修学》)

Bolton, Samuel. *The True Bounds of Christian Freedom*. The Banner of Truth Trust, 2001.(《基督徒自由的真谛》)

Burgon, John W. *Unholy Hands on the Bible*. Lafayette: Sovereign Grace Trust Fund, 1990.(《向圣经伸出的不洁之手》)

Calvin, John. *Institues of the Christian Religion*. ED. by

John T. McNeill. Trans. by Ford Lewis Battles, Westninster John Knox Press, 1960.（《基督徒敬虔学》）

Elwell, Walter A. *Evangelical Dictionary of Theology*. Grand: Baker, 1989.（《福音主义神学词典》）

Houghton, S. M. *Sketches From Church History*. The Banner of Truth Trust, 1995.（《基督教教会史简介》）

Kevan, Ernest F. *The Grace of Law*. Soli Deo Gloria Publications, 1993.（《律法的恩典》）

Schaff, Phillip. *The Creeds of Christendom*. New York: Harper & Brothers, Publishers, 1877.（《基督教信条》）

图书在版编目(CIP)数据

清教徒之约:《威斯敏斯德准则》导读/王志勇译注. —上海:上海三联书店,2015. 8 重印
ISBN 978-7-5426-3920-2

Ⅰ.①清… Ⅱ.①王… Ⅲ.①基督教—教义—问题解答
Ⅳ.①B972-44

中国版本图书馆 CIP 数据核字(2012)第 176580 号

An Introduction to the Westminster Standards
By Zhiyong Wang

清教徒之约
——《威斯敏斯德准则》导读

译　　注 / 王志勇

责任编辑 / 邱　红
装帧设计 / 豫　苏
监　　制 / 李　敏
责任校对 / 张大伟

出版发行 / 上海三联书店
(201199)中国上海市都市路 4855 号 2 座 10 楼
网　　址 / www.sjpc1932.com
邮购电话 / 021-24175971
印　　刷 / 上海展强印刷有限公司

版　　次 / 2012 年 11 月第 1 版
印　　次 / 2015 年 8 月第 5 次印刷
开　　本 / 890×1240　1/32
字　　数 / 180 千字
印　　张 / 7.75
书　　号 / ISBN 978-7-5426-3920-2/B·255
定　　价 / 28.00 元